TRAVELKID Reisebericht

Sri Lanka

Löwentatzen

Mit meiner Tochter auf Abenteuerreise durch Sri Lanka

Patrice Kragten

Impressum

1. Auflage 2016
Neuauflage Januar 2017
© 2017 Travelkid - Patrice Kragten – Zell am See - Österreich

Text, Fotos, Umschlaggestaltung und Layout:
© Patrice Kragten

Herstellung und Verlag:
BoD - Books on Demand, Norderstedt

ISBN 978-3-7431-6553-3
ISBN 978-3-8423-1867-0 – nicht mehr erhältlich

www.travelkid.at | info@travelkid.at

Jede Weiterverwendung und Vervielfältigung ist ohne die vorherige Genehmigung durch die Autorin und TRAVELKID.at nicht gestattet.

Das Papier wurde aus chlorfrei gebleichtem Zellstoff hergestellt.

Inhaltsverzeichnis

Vorwort	7
Krankes Pferd	9
Vloggen	17
Fotos	23
Löwentatzen	26
Drahtesel	30
Zusammenarbeit	36
Katzenaugen	41
Fischcurry	44
Fotos	50
Bummelzug	53
Pflückerinnen	57
Raubkatzen	63
High Tea	68
Kobra	73
Reise-Klamotten	78
Strahlen	82
Fotos	83
TRAVELKID *„abenteuerlich einfach"*	86
TRAVELKID Reisetipps	88
Wichtige Adressen	100

Meine anderen Bücher	102
Dankwort	115

Vorwort

Sri Lanka
Mit meiner Tochter auf Abenteuerreise durch Sri Lanka

Eine neue Destination am Programm hinzufügen, klingt einfacher, als es in Wirklichkeit ist. Vor allem wenn man sich als Reiseveranstalter auf Fernreisen mit Kindern spezialisiert hat, sollten gewisse Dienstleistungen wie Kindersitze im Auto, Zimmer mit Verbindungstüren und kindergerechte Aktivitäten natürlich standardmäßig im Programm integriert sein. Die Recherchen, die dafür notwendig sind, sind unglaublich zeitaufwändig und so dauert es von der Idee bis zum endgültigen Onlinegehen meistens über zwei Jahre.

Sri Lanka befindet sich nach dem Bürgerkrieg im Aufschwung. Der neue Präsident Maithripala Sirisena hat bei der EU Förderungen beantragt und bekommen. Einen Aufschwung, den TRAVELKID Fernreisen vor allem mit Arbeit für die Einheimische unterstützen möchte.

Ich habe Sri Lanka mehrmals, das erste Mal bereits 1991, besucht und bin jedes Mal von der Schönheit des Landes überwältigt. Lasse dich von meinem Reisebericht einfach inspirieren und lese, wie einfach es ist, dieses Land mit Kindern zu bereisen. Freue dich, genauso wir, auf die strahlende Perle im indischen Ozean.

Patrice Kragten

Karte Sri Lanka

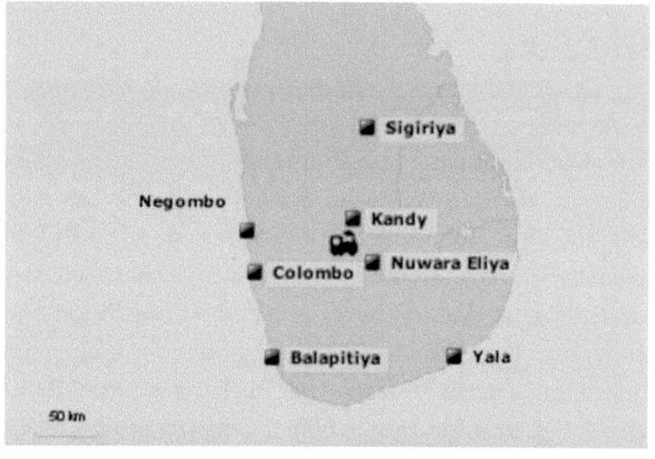

Ein krankes Pferd

"The Majan Lounge is downstairs", sagt ein Security Guide am Muscat International Airport in Oman. Ich habe mich dieses Mal, um von München nach Colombo zu fliegen, für Oman Air entschieden. Es war eine der günstigeren und schnellsten Flugverbindungen, weil, obwohl manche es vielleicht anders erwarten, zahle auch ich für meine Flüge den vollen Tarif. Wenn du mit Kindern verreist und an die Ferien gebunden bist, ist es bei den Airlines aus mit Ermäßigungen. Auch für mich!

Ich nehme für den günstigeren Tarif einen etwas längeren Stoppover in Kauf und habe, um die Wartezeit etwas komfortabel zu überbrücken, am Oman Airport die Majan Business Lounge für uns gebucht. In einer ruhigen Umgebung mit herrlichen Plüschfauteuils, super-schnellem Internet und freundlicher Hintergrundmusik können wir die Wartezeit so gemütlich überbrücken. Getränke und Essen sind im Preis von 30 Euro für die Reservierung inkludiert. Der Preis schreckt Menschen in erster Linie oft ab, eine Lounge zu buchen, aber wenn du in 5 Wartestunden am Flughafen etwas zu essen und trinken bestellst und noch einen Kaffee trinkst, bist du auch 30 Euro los! Dabei sitze ich meistens an einem schmutzigen Tisch, falls ich überhaupt einen bekomme. Ich reserviere nicht bei jedem Flug die Lounge, aber bei 3 – 5 Stunden Umsteigezeit ist die

Lounge echt eine Empfehlung. Auch oder eben gerade für Familien mit Kindern. Weniger empfehlenswert ist dann die uralte Maschine, die Oman Air für die kurze Strecke von Muscat nach Colombo einsetzt. Von München nach Muscat sind wir sehr luxuriös mit einem neuen Airbus und Onboard-Programm geflogen, die Strecke danach ist alles dreckig oder kaputt. Nur bei meiner ersten Reise nach Sri Lanka, vor 25 Jahren, bin ich noch primitiver gesessen, nämlich auf dem Jumpseat im Cockpit! Damals hat Air Lanka bei meiner Flugbuchung einen Fehler gemacht. Und weil am nächsten Tag meine Rundreise auf Sri Lanka startete, mich als Entschädigung im Cockpit mitgenommen. Ein tolles Erlebnis natürlich!

Knapp 5 Stunden später steigen wir am Colombo Airport aus. Zu Hause hat es am Vortag noch 5 cm Neuschnee gegeben, hier auf Sri Lanka wird es sicherlich heiß werden. Sehr heiß. Wir freuen uns schon auf die Sonne! Direkt nach den Einreiseformalitäten wartet unser Chauffeur Keerthi auf uns und hängt uns eine Blumenkette um. „Hello! How are you? Did you have a nice flight?" Normalerweise buche ich für meine Gäste einen deutsch sprechenden Chauffeur wegen der Kinder, damit sie so schneller Vertrauen aufbauen und letztendlich selbst mehr über das Land fragen können. Auch profitieren die Eltern davon, weil die Kinder so auch mal alleine beim Führer zurück bleiben können und die Eltern sich schnell einen Tempel anschauen oder Einkäufe erledigen können. Romy wollte ihr Englisch verbessern, deswegen habe ich Keerthi organisiert, einen sehr netten englisch sprechenden und professionellen Chauffeur, alias Reiseleiter.

In Sri Lanka leben über 19 Millionen Menschen auf einer ca. 65.000 km² großen Insel, damit etwas kleiner als Irland. Das moderne Sri Lanka stellt eine verblüffende Mischung von Kulturen dar. Fast drei Viertel der Bevölkerung sind buddhistische Singhalesen und nur 18% hinduistische Tamilen. Es herrscht Linksverkehr und obwohl die Geschwindigkeitsbeschränkung in Ortschaften 56 kmh beträgt, sind die Verhältnisse der Autofahrer äußerst prekär. Die Fahrbahn ist vollgestopft mit Lastern, Bussen, Fußgängern, Rad- und Mopedfahrern, Tuktuks und Hunden.

Vom Flughafen aus ist Negombo meistens die erste Anlaufstelle, so wie es damals auch die Portugiesen machten. Es waren jedoch die Niederländer, die von Negombo aus ein ganzes Netz von über 20 km Kanälen anlegten, auf dem sie die Gewürzernte transportieren ließen. Ich wollte unbedingt gleich in der Früh den bekannten Fischmarkt hier anschauen. Die Fischer fahren um 3 Uhr früh mit ihren Booten aufs offene Meer hinaus um 4 Stunden später voll beladen zurück zu kommen. Dann ist die beste Zeit Fotos zu machen. Viele Fischerfrauen warten am Strand auf ihre Männer und helfen, die kleinen Fische, die gerade eingeliefert werden, aus den Netzen zu holen. Größere Fische wie Tuna oder Hering werden direkt auf dem Boot sauber gemacht und für den Wiederverkauf, direkt nach der Ankunft, vorbereitet. Zahlreiche Boote liegen am Strand nebeneinander und hunderte Netze werden geleert. Wenn jeden Tag so viele Fische gefangen werden, wundert es mich, dass es überhaupt noch Fische vor der Küste Negombos gibt!

Ein Teil der Fische wird am Strand getrocknet und erst am nächsten Tag als Trockenfisch verkauft. Eine populäre Delikatesse auf Sri Lanka. Große lange Netze liegen Seite an Seite am Strand, oben drauf die verschiedenen Fischsorten. Gleich dahinter liegt der Fischmarkt, wobei es mit der Hygiene nicht so genau zugeht wie bei uns. Die frischen Fische liegen nicht auf einem Eisbett, sondern auf einem Holzbrett oder einfach auf Zeitungspapier in der prallen Sonne und warten auf ihre neuen Besitzer. Eigentlich müsste, laut unseren Standards, das ganze Land krank sein, weil die Menschen diese Fische essen. Aber auch wir Touristen! Denn diese Fische werden durch das ganze Land verliefert und verkauft und kommen letztendlich auch in den 4 - 5 Sterne Hotels auf den Teller. Du wirst diese Fische essen. Glaub mir!

Romy und ich stecken noch in unserer wärmeren Flugzeug-Kleidung, der Schweiß rinnt den Rücken hinunter und es ist schon sehr heiß. 38 °C. Keerthi bringt uns zuerst zum Supermarkt, damit wir Wasser einkaufen können. Ich habe zu Hause von einem Gast die Frage bekommen, ob es auf Sri Lanka Windeln und Babynahrung gibt. Natürlich gibt es das hier auch! Wieso glauben wir, dass es am anderen Ende der Welt nichts mehr zu kaufen gibt? Die 19 Million Einwohner benötigen diese Sachen auch für ihre Kinder. Zur Beruhigung fotografiere ich diese Regale mit dem ausführlichen Angebot von löslichem Milchpulver, Brei und Windeln. Danach möchte ich noch kurz Geld bei einer ATM Maschine abheben. Keerthi hat mir Geld für Wasser geborgt, weil obwohl die Bankomatkarte für das Abheben im Ausland freigeschaltet ist, funktioniert das Abheben nicht so richtig und habe ich beim ersten Automaten kein Geld bekommen. Auch beim 2. Versuch mit verschiedenen Karten und einer Kreditkarte steige ich erfolglos aus der kleinen Kabine. Genauso bei der dritten und vierten Bank, alles erfolglos. Keerthi möchte noch einen Versuch machen: The Commercial Bank. Und tatsächlich! Diese Bank funktioniert. Merke dir also diese „blaue" Bank. Ich vertraue inzwischen schon so auf die Technik, weil du wirklich auf der ganzen Welt Geld von einem Automaten abheben kannst, trotzdem bin ich doch leicht ins Schwitzen gekommen.

Beim Hotel angekommen können wir etwas relaxen, haben Zeit zum Schwimmen und können ein Mittagessen bestellen. Keerthi wird uns erst am späteren Nachmittag wieder abholen. Das Jetwing Beach ist ein nettes 3- Sterne Hotel, direkt am sicheren Strand nördlich von Negombo. Auf Sri Lanka ist die Westküste nicht unbedingt die sicherste Küste, was das Schwimmen anbelangt. Durch Strömungen kann es – vor allem für Kinder – sehr gefährlich werden und du solltest an dieser Küste gut aufpassen und immer nachfragen! „Romy, wenn du in eine Strömung gerätst, niemals dagegen kämpfen", erkläre ich ihr. „Du hast keine Chance." Sie schaut mich erstaunt an und fragt, was sie dann machen muss. „Parallel zur Küste schwimmen, bis du merkst, dass du aus der Strömung raus bist. Erst dann kannst du zur Küste schwimmen", erkläre ich ihr. Die Küste hier vor dem Hotel ist sehr sicher und einer der Gründe, warum wir genau dieses Hotel ausgewählt haben. In der Brandung liegen einige Katamarane. Nicht mehr als 6 Holzbalken mit einem Segel und buchbar. Wir lehnen für das Abenteuer freundlich ab und springen stattdessen ins kühle Wasser vom Schwimmbad.

Abgekühlt und umgezogen melden wir uns bei Keerthi. Romy wollte unbedingt reiten und bei der Organisation der Reittour hat sich herausgestellt, dass du auf Sri Lanka schneller, einfacher und günstiger eine Reittour mit einem Elefanten organisieren kannst, als mit einem Pferd. Als der Guide auch mit nur einem Pferd angeritten kommt, wird mir klar, dass eine Reittour echt eine Seltenheit auf Sri Lanka ist. „Normally we have two horses, but one horse is sick", erklärt der Jockey. Das zweite Pferd wäre meines gewesen. Na, Schade! Wir improvisieren ein wenig, Romy soll reiten und ich warte hier am Strand bis sie zurückkommt. Romy steigt auf das Pferd, der Guide wird das Pferd führen. Na dann viel Spaß hier im tiefen Sand am Strand!

Ich bleibe mit Keerthi zurück und wir suchen uns einen schattigen Platz, direkt am Wasser. So haben wir etwas Zeit einander besser kennen zu lernen und ich erfahre, dass er 53 Jahre alt ist, verheiratet und eine 14-jährige Tochter hat. Romy und Pferd verschwinden langsam am Horizont, währenddessen erzählt Keerthi, dass nur 2% der Bevölkerung sich scheiden lässt. In solchen Momenten bin ich wieder froh in Europa geboren zu sein. Dein Leben mit Jemandem zu verbringen, mit dem du nicht mehr glücklich bist, wäre für mich echt undenkbar. Wir sind auf dieses Thema gekommen, weil direkt neben uns eine Hochzeit stattfindet. Braut und Bräutigam sind aber nicht dabei. Keerthi erklärt, dass es wahrscheinlich eine arrangierte Hochzeit ist, wobei die Braut als Jungfrau heiratet. Direkt nach der Trauung haben die Österreicher den komischen Brauch die Braut zu stehlen und sich mit ihr im Lokal zu betrinken. Auch diese Braut wird gestohlen worden sein, aber von ihrem frischen Ehemann um gleich ihre Jungfräulichkeit zu verlieren. „Sie machen eine japanische Flagge", erklärt Keerthi. In meiner Naivität muss ich doch kurz nachdenken, was der damit wohl meint.

Mit einem Lächeln von einem Ohr zum anderen kommt Romy 1 ½ Stunden später zurück. Ob ihr die Reittour gefallen hat, muss ich nicht fragen. „Ich möchte das Pferd mitnehmen", sagt sie euphorisch. Gewünscht hat sie sich im Meer zu reiten und der Führer lenkt das Pferd noch kurz zum Wasser. Ich mache mit meinem Handy noch ein nettes Bild von den Dreien: Romy, Guide und Pferd und drucke das Bild gleich aus. Ich habe auf meinen Reisen immer einen kleinen portablen Drucker mit, verbunden via Bluetooth mit meinem Telefon. Eine nette Geste und es wird von den Leuten echt geschätzt. Auch dieser namenlose Guide freut sich über das Bild!

Den langen Tag beenden wir bei Sonnenuntergang am Strand. Romy vloggt ab und zu und möchte während dieser Reise einige Videos aufnehmen und zu kurzen Vlogs schneiden. Was sie daraus gemacht hat, kannst du auf dem TRAVELKID Youtube Kanal gerne anschauen und Romy freut sich über einen Kommentar.

Vloggen

Bevor wir nach Dambulla fahren, möchte ich mir noch kurz das Nachbarhotel anschauen: Jetwing Blue. Gleiche Lage nur eine Kategorie höher. Meine Agentur meldet meinen Besuch kurz an und direkt beim Eintreten in die Lobby wirkt dieses Hotel schon etwas luxuriöser. Nur schon wegen der Farbe, ich denke es lässt sich erraten welcher, schaut dieses Hotel etwas fröhlicher aus. Im Jetwing Beach ist alles braun und das schaut rein optisch und nicht nur wegen der niedrigeren Kategorie, einfach anders aus. Wir schauen uns schnell ein Familienzimmer an und sind dann schon auf dem Weg Richtung Dambulla. Die enge Straße teilen sich Mopeds, Autos, Fußgänger und LKW's. Die Busfahrer sind die absoluten Kamikaze-Piloten auf der Straße und ich bin manchmal fassungslos. Die üppige grüne Natur wird mit kleinen Häuschen und großen Werbetafeln abgewechselt. Ein Straßenbild, welches du im gesamten asiatischen Raum siehst. Der einzige Unterschied, der mir auffällt, ist die enorme Anzahl an Tuktuks, die sich hier fortbewegen. Weniger für Passagiere, das mag vielleicht an der frühen Uhrzeit liegen, sondern große Mengen Reis, Chilis oder Paprikas werden im Anhänger verstaut und transportiert. Lachen müssen wir alle drei beim Anblick eines Tuktuks, bei dem rechts ein Fischkopf und links die Schwanzflossen raushängen. Der Fisch ist so groß, dass er nicht mal reinpasst!

Wir fahren immer wieder an kleinen Dörfern vorbei, wobei die Vielzahl an unterschiedlichen Geschäften auffällt. Hier in Sri Lanka kannst du echt alles kaufen. Natürlich, würde ich sogar sagen! Auch diese Menschen haben Geld und brauchen Kleidung, Möbel, Autoreifen und etwas zu essen. Sri Lanka ist bekannt für seine Kokosnuss-Plantagen. Aneinander gereiht sehen wir die Bäume mit den orangefarbenen King Coconuts in der Krone stehen, bald reif um geerntet zu werden. Und Ananas. Ich weiß noch als ich zum ersten Mal nach Sri Lanka gefahren bin, 1991, da hat unser Fahrer bei einer Ananasplantage angehalten und frisch von der Pflanze eine Ananas abgeschnitten und geschält. Das war das erste Mal in meinem Leben, dass ich den echten Geschmack von Ananas gekostet habe.

Im nächsten Gebiet, welches wir durchqueren, wachsen viele Cashew Bäume. Ich liebe Cashew Nüsse und als wir bei einem kleinen Toko vorbeifahren, sehe ich riesengroße Säcke mit den Nüssen bereit liegen, die darauf warten gekauft zu werden. Ich lasse Keerthi anhalten. Der Verkäufer riecht gleich Umsatz und lässt uns herrliche warme Nüsse kosten, normale und welche mit Chili. Ich kaufe gleich 2 Säcke ein, für unterwegs, und die mit dem „gefürchteten" Chili sind definitiv die Besten!

Die Fahrt bis Dambulla dauert doch länger als gedacht und genau zur heißesten Tageszeit kommen wir beim bekannten Höhlentempel an. Die fünf Höhlen sind in einem riesigen 160 Meter hohen Felsen zu finden und wurden von einem anuradhapuranischen Monarchen als

Versteck genutzt. König Valagambahu verbrachte 14 Jahre hier, bis er flüchten musste. Nach seiner Rückkehr auf den Thron erbaute er, aus Dankbarkeit, diesen imposanten Felsentempel. Als quasi „durchtrainierte" Reisende habe ich natürlich auf die passende Tempel-Kleidung vergessen. Die heiligen Tempel verlangen eine lange Hose und schulterbedeckendes T-Shirt. Ich knöpfe zur Not ein Handtuch um und ärgere mich wieder über meine Nachlässigkeit in Sachen Reisen. Tröste mich mit dem Gedanken, dass beim Installateur der Hahn immer tropft und der Mechaniker immer ein schlecht gewartetes Auto fährt. „Take some socks with you", sagt Kerthi noch. Eh? Wieso?

Wie schon geschrieben, möchte Romy kurze Vlogs machen. Ein typisches Phänomen dieser Zeit, die Jugend schaut sich nur noch solche Videos an. Romy hat sich letztes Jahr zu Weihnachten so eine spezielle Vlog-Kamera gewünscht und möchte endlich durchstarten, kurze Filme aufzunehmen und zuzuschneiden. So wandere ich die 350 Stufen hinauf, teilweise für einen zweiten Shot wieder hinunter, lasse mich rechts und links filmen und soll Keerthi mit einem kurzen Text das Video einleiten. Auf den Stufen steht Gottseidank ein Sarongverkäufer. Ich frage ihn, wieso er hier steht und nicht unten. „Das darf ich nicht", sagt er. Ich bin froh, dass das dicke Badetuch Platz machen kann für einen etwas luftigeren Sarongrock. Auch sitzen einige Frauen auf den Stiegen, welche Lotosblumen und blaue Lilien als Opfergaben anbieten. Ich kaufe einen Strauß und jetzt mit den Blumen in der Hand heißt es aufpassen! Das ist

Futter für die frechen Langschwanz-Makaken, die sich hier zahlreich beim Tempel aufhalten. Oben angekommen müssen wir die Schuhe ausziehen und ich verstehe jetzt den Sinn der Socken! Der Boden ist glühend heiß und auch mit Socken kannst du kaum auf den Felsen stehen. Inzwischen filmt Romy, wie ich mit weißen Socken den Tempel betrete. Normalerweise sind weiße Socken eine Todsünde, hier die einzige Chance für die Füße, zu „überleben" und so renne ich in den ersten Tempel hinein.

Bitte denke daran, dass vor einem Tempel- oder Schreinbesuch nicht nur die Schuhe, sondern auch Kopfbedeckung ausgezogen werden müssen. Bezüglich Fotografieren gelten bei den Tempeln im gesamten Goldenen Dreieck verschiedene Foto-Modalitäten. Es geht hier um wichtige religiöse Orte und wir sollten diese Orte natürlich respektieren. Manchmal sind Bilder von Menschen vor einer Statue einfach nicht erlaubt. Du darfst dich für ein Foto niemals mit dem Rücken zu einer Statue drehen, also denke daran!

Keerthi erklärt einiges über den Höhlentempel. So heißt die erste Höhle Lord of God Cave und ist bekannt für seine liegende Buddha Statue. In der dritten second new Cave sind die aus Teakholz geschnitzten stehenden Buddhas echt sehenswürdig und in der fünften new Cave stehen die 500 Jahr alten Gemälde unter UNESCO Schutz. Romy dreht noch einen letzten Shot, dann ist es Zeit endlich mal ein Curry auszuprobieren, so verlassen wir den prächtigen Tempel.

Die am häufigsten verwendeten Zutaten in der Sri Lanka Küche sind Kokosnussraspeln, Kokosmilch, getrocknete Fische, Chilis, Zwiebeln und Currypulver-Mischungen, wobei man zwischen drei Curry-Arten unterscheiden kann. Weiße Currys sind mild, auf Kokosmilch basierend und eher flüssig. Rote Currys enthalten große Mengen an rotem Chilipulver und roten Chilis. Schwarze Currys sind sehr dunkel, was vor allem an den Gewürzen liegt, die geröstet wurden. Diese Art der Currys werden in Sri Lanka sehr häufig gegessen. Ich fange beim ersten weißen Hühnchen-Curry an und bin begeistert. Es schmeckt wirklich fantastisch, genau auf unseren westlichen Gaumen angepasst.

In der Nähe von Dambulla befindet sich ein kleiner See, an dem mehrere Hotels liegen, abseits von Tourismus und Zivilisation. So auch das Amaya Lake Resort. Ich habe für TRAVELKID einige Hotels der Amaya Kette im Programm, alles 4-Sterne Hotels mit gutem Service und einem hohen Maß an guter Atmosphäre und Bequemlichkeit. Auch dieses Hotel ist wunderschön, die kleinen Bungalows liegen über einem weitläufigen Grasgelände verstreut, die tropischen Bäume und Palmen bieten genügend Schatten, alles idyllisch an dem kleinen See gelegen. Wir verabschieden uns bei Keerthi, checken ein und werden mit einem Golfwagen zu unserem Bungalow gebracht. Das Gelände ist so weitläufig, dass auch das Wifi nicht mehr bis zum Bungalow reicht. So habe ich endlich mal Zeit um den Reisebericht zu schreiben und Romy kümmert sich um das Video von der Höhle. Unglaublich, wie schnell sie die Bilder schneidet, hintereinander platziert und Musik dazugibt. Das Resultat haben wir auch auf den TRAVELKID Youtube Kanal gestellt. Ich finde es bewundernswert, wie die Kinder heutzutage sich mühelos diese Sachen aneignen.

Fischmarkt Negombo | Höhlentempel Dambulla

Romy beim Vloggen | Mit Keerthi am Löwenfelsen

Königsstadt Polonnaruwa mit dem Rad erkunden

Löwentatzen

Den Vormittag verbringen wir beim Pool und ich muss dringend meine E-Mails bearbeiten. Auch im Urlaub geht das Geschäft weiter. Vom Handy aus lassen sich die Mails leider wieder nicht verschicken, was immer mühsam ist. Es hilft nichts, da muss heute der Laptop her. In der Lobby des Hotels eigne ich mir den Tisch vom Ayurveda Berater an. Er ist noch nicht da und schnell erledige ich einige Anfragen, Buchungen und sonstiges. Als der Ayurveda Berater dann endlich zu seinem Tisch kommt, ist er über so viel „Frechheit" etwas erstaunt, aber mit einem kleinen Schmäh ist er gleich wieder bei guter Laune. Es stellt sich heraus, dass er außer Ayurveda Beratungen auch Horoskope erstellt und Handleser ist. Er fragt mich, wann ich geboren bin und in 10 Minuten hat er mein ganzes Leben auf einen Zettel geschrieben, inklusive Skizze mit Planeten und Sternen. Unglaublich. Man kann daran glauben oder nicht, aber er liegt bei 99% seiner Aussagen gleich richtig. Wie geht denn nun das? Nur durch das Geburtsdatum? Ich höre später, dass er ein ganz bekannter Handleser ist und Menschen aus der ganzen Welt zu ihm kommen!

Über Ayurveda gesprochen, Sri Lanka ist natürlich für seine Behandlungen der Kräutertechnik bekannt. Die Grundlage für das „Wissen vom langen Leben" bilden die drei Doshás: Vata, Pitta und Kapha, welche sich aus den fünf Elementen: Wasser, Erde, Feuer, Luft und Äther ableiten. Nur durch eine perfekte Abstimmung zwischen diesen 5 Elementen erreichst du ein harmonisches Gleichgewicht im gesunden Leben. Um diese Harmonie zu erreichen und dem Körper zu helfen sich selbst zu heilen, gibt es Ölmassagen, welche natürlich von geprüften ayurvedischen Händen durchgeführt werden sollen. Wenn du auf Sri Lanka bist, solltest du in jedem Fall so eine Behandlung „durchziehen". Ja, für mich heißt es wirklich durchziehen, weil ich diese Pflückerei am Körper überhaupt nicht mag. Aber Romy möchte unbedingt eine Massage haben, so opfere ich mich und mache diese Massage mit ihr gemeinsam. Wir fahren dazu nach Habarana, in der Nähe von Sigirya, auch ein kleines Dorf, in dem vor 15 Jahren nur 3 Hotels standen. Die Anzahl der Hotels hat sich inzwischen verfünffacht. Ein Boulevard, Abendmarkt oder Restaurantstraße fehlen nach wie vor. Jeder Tourist ist mehr oder weniger auf sein eigenes Hotel angewiesen. Egal ob in Habarana, Sigiriya oder Dambulla.

Wir lassen uns mit den ätherischen Ölen massieren und bekommen ein Dampfbad, wobei mir die Luft fast ausgeht. Verschwitzt durch das Dampfbad und mit fettigen Haaren durch das Öl steigen wir 1,5 Stunden später wieder ins Auto. Der Löwenfelsen ist das nächste Ziel, ein massiver viereckiger Granitblock von 180 Metern Höhe, der prägnant aus dem Dschungel ragt. Durch die senkrechten Wände stellt der Löwenfelsen eine natürliche Zitadelle dar. Sigiriya stammt von Sinhagiri, was Löwenburg bedeutet. Laut alten Felsinschriften wurden hier einst Löwen gesichtet, deswegen der Name. Die

Geschichte des Palastes, oben auf dem Felsen, geht eigentlich auf einen Familienstreit zurück, in dem sich vor allem 2 Brüder gegenseitig bekämpft haben.

Die Sonne geht langsam unter und ich nutze das gute Licht für meine Bilder. Am helllichten Tag ist es unmöglich gute Fotos zu machen. Jetzt am späteren Nachmittag übrigens auch, das hat dann mehr mit der enormen Anzahl an chinesischen Touristen zu tun. Wie Ameisen sind sie im Moment auf dem gesamten Berg verstreut. Etwas positives, außer dem Licht, hat der späte Besuch dann doch. Es ist nicht mehr so warm. Schwitzen tue ich beim Besteigen des Berges gleich wie heute im Dampfbad, nur prallt die Sonne nicht so auf uns. Also, nimm dir den Tipp zu Herzen und fahre erst am späteren Nachmittag zum Löwenfelsen.

Romy wollte wieder einen Vlog machen, hat aber ihre SD-Karte im Tablet stecken lassen. Schade! Daraus werden jetzt Tumbler-Bilder mit der Kamera gemacht, eine Sprache, die nur die Jugend versteht. Endlich bei den Tatzen angekommen sehe ich den enormen Zaun vor den Löwentatzen stehen, um die Menschenmassen von den Pfoten fern zu halten. Das gleiche bei der Mirror Wall. Wie irre muss man sein um hier, an diesen uralten UNESCO Plätzen, seinen Namen in der Mauer oder auf den Tatzen verewigen zu wollen? Ist doch ein Wahnsinn, oder? Bei den uralten Fresken steht inzwischen Security und das Fotografieren ist nicht mehr erlaubt. Gut so.

Immer weiter klettern wir die Stahlkonstruktion an der Vorderseite des Felsens hinauf. Ganz oben auf dem Berg stehen nur noch die Ruinen vom damaligen Palast und was muss der König es hier oben schön gehabt haben! Die Aussicht über die Umgebung ist fantastisch, alles Regenwald und du kannst von hier aus auch Dambulla sehen. Im letzten Abendlicht machen wir die schönsten Bilder, danach geht es wieder hinunter zum Auto und schließlich zum Hotel zurück.

Am Abend testen wir die Speisen im à la Carte Restaurant. Gestern waren wir im Hauptrestaurant, in dem ein Buffet serviert wird. Für mich einfach etwas zu groß, zu laut und teilweise zu viele Touristen. Hier im à la Carte Restaurant ist es viel kleiner, ruhiger, die Tische schöner gedeckt und der Boden vom Schwimmbad ist beleuchtet. Ganz kleine Lichter, die wie ein Sternenhimmel ausschauen, leuchten in den unterschiedlichsten Farben auf. Wir setzen uns an einen Tisch, direkt am Beckenrand und genießen das romantische Ambiente. Ich finde ein Glas Wein jetzt ganz passend. Romy freut sich über ihre Pizza, ich habe Curry-Huhn mit Reis, dazu Knoblauch Cashews, die echt hervorragend schmecken. Ah, ich liebe die singalesische Küche!

Drahtesel

Keerthi steht pünktlich in der Lobby bereit. Auch unser Palmist und Handleser Mr. Gamini Wimalawansa ist wieder da und wir begrüßen ihn herzlichst. Er liest Keerthi gerade aus der Hand und erzählt ihm, welche Edelsteine er kaufen soll, damit er beschützt wird. Gamini hat mir gestern erzählt, dass ich Cat Eye oder Katzenaugen kaufen soll und werde tatsächlich in Kandy, dem Zentrum der Edelsteine, danach schauen. „Which stone do I have to buy for Romy?", frage ich Gamini und realisiere gleichzeitig, dass er für Romy noch kein Horoskop erstellt hat. Er fragt nach ihrem Geburtstag, Uhrzeit und Ort und ist schon dabei mittels einer App alle Infos zu sammeln. Grundsätzlich kann jemand 100.000 allgemeine Sachen über jemanden sagen, von sympathisch über kräftig und träumerisch bis hin zu zielstrebig, kreativ usw. Und so wie bei mir gestern, erwähnt er auch bei Romy genau zwei Sachen, die 100%ig auf sie und ihr Leben zutreffen. Das glaubt man doch gar nicht? Er kennt uns nicht einmal! Naja, egal ob man daran glaubt oder nicht, wir haben sehr viel Spaß mit ihm. Ich schenke ihm noch ein Bild vom Drucker und er verspricht uns mit der Post oder Mail das gesamte Horoskop von Romy zuzuschicken. Da bin ich neugierig!

Es geht nach Polonnaruwa. Nach wiederholten Invasionen aus Südindien verließen die singhalesischen Könige im 11. Jahrhundert Anaradhapura und verlegten ihren Regierungssitz nach Polonnaruwa. Die meisten der prachtvollen Gebäude entstanden während der Regierungszeit der Könige Parakramabahu und Nissankamalla. Heutzutage steht das sich über 20 km2 ersteckende Ausgrabungsgelände unter dem Schutz des UNESCO Welterbes. Polonnaruwa selbst liegt am Parakrama Samudra See und wir finden hier vom Namensgeber des Sees eine Statue. Gleich anschließend befindet sich Potgul Vihara, ein Bibliothekskloster. Der erste Stopp liegt etwas von den Hauptgebäuden entfernt und wir fahren mit dem Auto hin. Heute ist die SD-Karte wieder dabei und Romy filmt die ersten Ruinen. Im Moment ist sie an „dem Haufen Steine" nicht sonderlich interessiert. Mir fallen die enorme Anzahl an Touristen auf Fahrrädern auf. Die verschiedenen Palastruinen liegen sehr weit auseinander und wie lustig ist es, hier eine Radtour zu machen? Wir fahren erst mit dem Auto zum Haupteingang zurück und steigen auch auf ein Rad um. Kinderräder und Kindersitze sind beim Anbieter übrigens vorhanden! Helme nicht. Los geht's, mit dem Drahtesel zur ersten Ruine! Inzwischen sollte ich während der Fahrt gleichzeitig fotografieren und vloggen, eine Herausforderung, auch für mich.

Direkt hinter dem Eingang befindet sich der erste Stopp: das Areal der alten Zitadelle. Früher muss der Königspalast mit seinen 7 Stockwerken sehr imposant ausgesehen haben. Heute sind nur noch die Löcher in der Wand zu sehen, in denen die hölzernen Streben platziert waren. Romy vloggt und ich fotografiere das Areal mit der Audienzhalle, Council Camber und dem Prinzenteich. Danach steigen wir wieder auf die Räder. Keerthi schaut immer, dass wir die Räder im Schatten parken, weil wenn die Sonne 2 Minuten auf den Sattel scheint, ist er schon brennend heiß. Auch die Schuhe, die wir vor dem Tempel ausziehen müssen, drehe ich um, damit sie nicht zu heiß werden. Dieses Mal habe ich die neuen Sarongs vom Dambulla Tempel mitgenommen und wir können sie uns immer wieder umbinden.

Weiter nördlich erstreckt sich die alte Stadt. Die Straßen hier auf dem Gelände sind breit, alle fahren eigentlich in eine Richtung, deswegen ist die Radtour auch mit Kindern gut und sicher machbar. Es ist relativ ruhig auf dieser Straße. Als Alternative kannst du dir ein Tuktuk nehmen oder einfach mit dem Auto fahren.

Es sind so viele Tempel, Pagoden, Paläste und Statuen, dass ich komplett den Überblick verliere. Woran ich mich von meiner letzten Reise noch erinnern kann, ist der Gal Vihara; der Felsentempel und gleichzeitig die wichtigste Sehenswürdigkeit. Aus einem großen Brocken Granit sind 4 Buddha-Figuren gehauen, wovon der 14 Meter lange liegende Buddha wohl der Bekannteste ist. Und tatsächlich liegt er, oder sie, nach all den Jahren immer noch da. Romy hat genug Steine gesehen und bleibt mit Keerthi zurück, während ich schnell die Statuen fotografiere. Neben Romy sitzt ein Junge von 7 Jahren mit seinem Führer. Und hier hat Romy die Vorteile von einem deutsch sprechenden Führer gesehen. Seine 2 Brüder und die Eltern schauen sich derweil die Statuen an. Auch der kleine Junge hat genügend Steine gesehen und weil bei jungen Kindern das Vertrauen zu einem deutsch sprechenden Führer schneller aufgebaut wird, kann der Führer auch mal kurz als Babysitter dienen. Luxus pur für die Eltern, oder?

Das letzte Stück führt über den Hauptweg wieder zurück zum Parkplatz. Passe die letzten 2 km echt gut auf! Hier gilt das Recht des Stärkeren. Teilweise kannst du neben der Straße auf dem Bankett fahren und das sollten vor allem die Kinder auch machen.

Wir verlassen Polonnaruwa und halten im Nachbarort Habarana an. Das Goldene Dreieck, wie die Gegend hier genannt wird, hat 3 größere Orte: Dambulla, Habarana und Sigiriya. Unser Hotel liegt in Dambulla. Nachteil ist, dass es zu den Sehenswürdigkeiten immer etwas weiter zu fahren ist. Sigiriya ist mit dem Löwenfelsen das Hauptzentrum und Habarana Ausgangspunkt für Safaris. In Habarana bekommen wir erst ein wohlverdientes Mittagessen, ein Buffet mit Gemüse, Reis, Currys, Fisch und Obst. Auch finden wir hier die ältesten Ansichtskarten, die es in Sri Lanka noch gibt und nehmen genau diese Karten kaufen wir uns. Is doch lustig, oder? Natürlich sind die Restaurants hier auf die Touristen eingestellt und bieten neben scharfen roten Currys auch milde weiße Currys an. Schmecken tut alles echt hervorragend.

Von hier aus werden wir für eine Safari abgeholt. Sri Lanka ist für seine Dichte an Elefantenherden bekannt. Nur solltest du wissen, dass diese Parks nicht von einem

Zaun umrandet werden. Die Elefanten ziehen, je nach Jahreszeit, durch die 3 Parks, die sich hier befinden: Minneriya, Kaudulla und Hurulu. Weil Minneriya doch der bekannteste ist, bekomme ich öfter von Gästen zu hören, dass sie lieber ins ruhigere Kaudulla fahren möchten. Aber wenn du Elefanten sehen willst, bringt es nichts irgendwo hinzufahren „nur weil es ruhiger ist". Es hat auch einen Grund, warum es dort ruhiger ist!

So lassen wir heute Minneriya und Kaudulla links liegen und fahren zum Hurulu Echo Nationalpark, so wie die 100 anderen Jeeps auch. Denn letztlich wollen wir alle nur Eines: Elefanten sehen! Und 3 bis 4 Kurven weiter stoßen wir gleich schon auf den ersten 2 Elefanten. Daneben stehen 50 Jeeps. Oh Gott! Ich weiß nicht, ob das hier so lustig ist. Das Tier lässt sich von den klickenden Kameras und brummenden Motoren nicht ablenken und frisst einfach weiter. Wir folgen unserem Weg und je länger die Tour dauert, umso weniger Autos werden es dann. Die Autos verteilen sich dann glücklicherweise doch über den Park. Schon sehr schnell sehen wir die nächsten 4 Tiere. Was gut auffällt, im Vergleich zu den afrikanischen Elefanten, ist, dass diese asiatischen Tiere viel keiner sind, kleinere Ohren haben und nur 2% der Männchen Stoßzähne bekommen. Diese Stoßzähne bleiben auch sehr klein. Fressen tun sie im Verhältnis gleich viel wie die afrikanischen Verwandten, nämlich 150 – 200 Kilo pro Tag. Unfassbar! Wieder 10 Minuten später sehen wir eine kleine Herde, 2 Mütter mit ihren Babies. Na wie süß! Auch die Tanten und das Männchen kommen irgendwann aus dem Busch und so staunen wir über das Phänomen Elefant! Nach 2,5 Stunden haben wir die Übersicht über die Anzahl der Elefanten verloren, es müssen über 30 Tiere gewesen sein. Das hat sich auszahlt. Oh ja, eine Maus. Die haben wir auch gesehen.

Bevor wir zum Amaya Lake Hotel zurück fahren, besuchen wir noch das Aliya Resort. Dieses neue und sehr moderne Hotel beeindruckt durch seine Aussicht, nämlich direkt auf den Löwenfelsen. Einfach fantastisch. Gemeinsam mit dem Duty Manager schaue ich mit Romy das Hotel an und sehe, dass man es echt nicht mit dem Amaya vergleichen kann! Beides 4-Sterne Häuser, aber komplett anders.

Zusammenarbeit

Hirawadunna ist ein kleines Dorf nördlich von Habarana. Nicht nur ein kleines sondern auch ein sehr armes Dorf mit nicht mal 350 Einwohnern. Irgendjemand aus dem Dorf hat sich überlegt, dass Geld am einfachsten bei Touristen zu holen ist. Aber wie? Bis er die brillante Idee hatte, dass das gesamte Dorf zusammenarbeiten soll und Touristen herumführen. Klingt einfach, ich glaube dass so etwas bei uns zu Hause in Zell am See, mit all dem Hass und Neid, nicht funktionieren wird.

Als wir in Hirawadunna ankommen, steht unser Führer für diesen Trip schon bereit. Er bringt uns über die Zufahrt zur ersten Aktivität, einem Ochsenkarren mit 2 wunderschönen Ochsen davor und wir steigen hinten auf die Ladefläche. Große Räder an der Seite, eine dickere Art Matratze auf der wir sitzen können und ein hölzernes Gitter rund um den Wagen, damit wir nicht raus fallen können. Langsam kommen die Ochsen in Bewegung, der Besitzer folgt zu Fuß neben den Tieren mit den Zügeln in der Hand. Er spricht kein Wort Englisch, woraus die Authentizität noch hervorgeht. Entlang der Route stehen Bäume und Pflanzen wie Limonen, Cashewnüsse, Papaya und Granatapfel. Alles wird behutsam angedeutet und von Keerthi übersetzt. Obwohl wir alleine losgefahren sind, kommen nach der zweiten Kurve noch 7 oder 8 Karren dazu. Von wo die wohl herkommen? Glücklicherweise haben die Karren sich auch schnell wieder über die Strecke verteilt. Wir sind etwas schneller, eine andere Karre möchte für Fotos anhalten und eine dritte wartet einfach, bis etwas Abstand zu seinem Vorgänger ist. Nach guten 15 Minuten steigen wir vom Ochsen-karren ab und folgen einem Pfad quer durch den Dschungel. Die Truppe hat sich echt gut aufgeteilt, wir wandern inzwischen alleine durch den Wald und gelangen zu einem kleinen Fluss. Hier liegen 3 Katamarane bereit, davon einer für uns und so wechseln wir Ochsen gegen Boot. Allerdings nur kurz, weil wir erst nur zum anderen Ufer gebracht werden. Weiter geht die Wanderung an einem Acker und an Reisfeldern vorbei, bis wir bei einem kleinen Lehmhaus ankommen. Den Platz für die Fenster hat man frei gelassen, das Dach besteht aus geflochtenen Bananenblättern, die Mauer mit Sitzbank aus Lehm und es gibt sogar eine kleine Küche. Thusitha, ein liebe kleine Bäuerin, begrüßt uns herzlich und lässt uns gleich ihre Küche sehen. Klein, dunkel, alles aus Lehm, kein Hahn, aus dem Wasser strömt, kein Ofen, Mikrowelle oder Dampfgarer. Wozu auch? Sie kocht auf Holz. Es ist stockdunkel in der Küche, nur 2 kleine Fenster lassen ein wenig Tageslicht herein. Aber genau so viel für ein Foto. Letztendlich gelingt es mir, mit sehr viel Geduld, mit meinem Handy ein nettes Bild von der Frau zu machen, welches ich gleich für sie ausdrucke. Thusitha ist ganz stolz auf ihr Bild und zeigt es gleich ihren Nachbarn. Damit mehrere Familien etwas von dem Besuch der Touristen haben, wird die Truppe von vorher auf mehrere Familien, über das Dorf verstreut, untergebracht. Eine tolle Idee! Thusitha zeigt uns, wie sie beim frisch geernteten Reis die harte Hülle entfernt, danach hart und weich voneinander trennt und daraus Reismehl macht. Gekocht hat sie an dem Tag bereits, so bekommen wir 2 typische singalesische Speisen zur Verkostung, von denen ich den Namen schon wieder vergessen habe. Natürlich Tee, Wasser, Ananas und Wassermelone dazu. Thusitha ist eine gastfreundliche Dame. Ich frage, ob sie ihren Namen aufschreiben kann. Sie kann nur die singalesische Schrift und Keerthi übersetzt es für uns. Damit ich zu Hause noch weiß, wer Thusitha ist, schreibe ich „Reisfrau" dazu und erkläre ihr was ich geschrieben habe, zu ihrem großen Spaß! Wir verabschieden uns bei der lieben „Reisfrau" und bekommen eine Führung im Gemüsegarten. Bananen, Chilis, Papayas, Wassermelonen, alles wächst hier üppig und die Pflanzen werden mit sehr viel Liebe betreut. Eine reiche Ernte ist für diese Familien natürlich sehr wichtig. Dieser Gemüsegarten und auch die Lehmhäuschen stehen in einem Gebiet das an die Nationalparks Kaudulla und Hurulu angrenzt, in denen die Elefanten leben. Auch diese Menschen müssen schauen, dass die Elefanten nicht ihre ganze Ernte auffressen. Deswegen sind Baumhütten gebaut worden, du findest diese Hütten verstreut über die Reisfelder, und wir klettern in ein Baumhaus hinauf. Die Aussicht von oben ist fantastisch! Ohne Elefanten zu sehen, klettern Romy und ich wieder herunter und wandern zu unserem Boot zurück. Ich sehe noch, wie Thusitha ihren nächsten Gästen das Reisritual erklärt. „Bye Reisfrau", schreie ich hinüber und höre noch mal ihr herzliches Lachen.

Wir steigen in unseren Katamaran und paddeln damit über den See. Einige andere Touristen kommen uns in umgekehrter Richtung entgegen und haben komische Pflanzenhüte auf dem Kopf. In erster Linie habe ich gedacht, dass es in Hirawadunna ein touristisches Happening ist. Überhaupt nicht! Die Leute hier verstehen, dass das eben nicht passieren soll, oder zumindest nicht ersichtlich sein soll. Unser Bootsmann hält zweimal kurz an. Das erste Mal um eine Wasserlilie zu pflücken und daraus eine Kette zu basteln, das zweite Mal wird aus einem Lilienblatt ein Hut gebastelt. Ich habe mich schon gewundert, warum die anderen Menschen solche komischen Hüte tragen, jetzt weiß ich es. Gut organisiert geht's weiter. Am anderen Ufer steht nämlich ein Tuktuk bereit um uns zur letzten Station zu bringen und zwar wieder zu einer Lehmhütte. Hier steht ein herrliches Buffet für uns bereit. Nicht nur getrockneter Fisch und Reis, sondern einige verschiedene Currys, wie Langbohnen-, Jackfruit-, Cucumber- und Erbsencurry. Als Teller dient eine Schüssel mit einem Bananenblatt am Boden. Und wir dürfen traditionell mit der Hand essen. Nicht vergessen, Rechtshänder dürfen nur mit der reinen rechten Hand essen, Linkshänder mit der reinen Linken!

Wie unglaublich toll, dieses Projekt. Eine hervorragende Idee, Gäste so durch das Dorf zu führen und Geld für das Dorf zu verdienen. Denke daran, genügend 100 Rupien

Scheine mitzunehmen – Ochsenführer, Reisfrau, Bootsmann und Begleiter freuen sich jeweils über 200 Rupiah Trinkgeld.

Katzenaugen

Wir verlassen das goldene Dreieck und fahren zur nächsten Königsstadt Kandy. Eine der drei Königsstätten haben wir während dieser Reise nicht besichtigt, nämlich Anaradhapura. Du kannst diese Stadt als Tagesausflug von Sigiriya aus besuchen. Die kleine Stadt nördlich von Sigiriya war Sri Lankas erste Hauptstadt und wird auf Grund des dort verehrten heiligen Bodhi-Baumes als heiliger Ort angesehen. Die zweite Sehenswürdigkeit ist der Eherne Palast, auch Brazen Palace genannt. Er war der zentrale Teil des religiösen Maha Vihara Komplexes. Die weiße Ruvanweliseya Dagoba ragt mit 110 m über die Bäume hinaus. Der Nachbarort Mihintale wäre heute ein völlig unbedeutendes Dorf, hätte dort nicht die Hinwendung von König Devenampiya Tissa stattgefunden, die den Beginn des Buddhismus markierte. Sehenswert sind die Dagobas von Idikatu, Giribandhu und Ambasthala. Auch der sitzende Buddha ist sehr bekannt, erreichbar über eine Treppe.

Nach knappen 2 Stunden erreichen wir Matale, die zweitgrößte Stadt des Bezirkes und bekannt für seine Kräutergärten. Wenn du zum ersten Mal in Asien bist, lohnt es sich so einen Garten zu besuchen und sich die vielen verschiedenen Früchte, Kräuter und Gewürze zeigen zu lassen. Wir kennen die meisten Sträucher bereits und fahren weiter. Die Straße nach Kandy wird immer kurviger, nicht wirklich schlimm, aber da ist heute auf dem Asphaltstreifen unglaublich viel los. Morgen ist Vollmond, das wird in Sri Lanka jeden Monat groß gefeiert und jeder ist unterwegs noch etwas einzukaufen oder zu Familien oder Freunden zu verreisen, um den Tag gemeinsam zu feiern.

Sri Lanka ist, wie bereits erwähnt, für seine Edelsteine bekannt, die Erde birgt Steine wie Saphir, Rubin, Granat und Topas aber keine Diamanten und Smaragde. Edelsteine sind das drittwichtigste Exportprodukt des Landes. Und dieses Land ohne Steinchen zu verlassen, ist natürlich nicht möglich. Außerdem „brauche" ich Cat Eye für meinen Schutz. Als Laie wäre es für jeden Verkäufer ein Kinderspiel mich für tolle Preise mit Schrott zu versehen. Keerthi hat strikte Regeln von der Agentur, wo er mit den Gästen hinfahren darf und wo nicht. So bringt er uns zu einem noblen Laden in dem wir sehr professionell und fachmännisch betreut werden. Eine halbe Stunde später stehe ich wieder draußen. Den Ring mit den Katzenaugen kann ich morgen abholen. Eigentlich ist Ratnapura das Edelstein-Mekka und bedeutet wörtlich „Stadt der Juwelen".

Batiken sind für Sri Lanka nicht so bekannt wie für Indonesien, doch sollte die Qualität sehr gut sein. Heute steht noch eine kleine Batikfabrik am Programm. Das Batiken ist eine Einfärbemethode. Wenn du bestimmte Stoffteile mit Wachs bemalst und in einem Farbbad eintauchst, entsteht auf dieser Wachsstelle keine Farbänderung. Durch mehrfaches Wiederholen und die

Veränderung der Farbe entsteht das Muster. Eine kleine liebe Dame erklärt uns anhand von Beispielen die Entstehung. Interessant, so habe ich das eigentlich noch nie gesehen. Dass nach der freundlichen Erklärung eine Verkaufsrunde folgt, ist logisch. Und ich nehme 4 Tischsets mit Elefantenbild mit nach Hause. So ist dieser Fabrik etwas geholfen und ich habe ein Souvenir. Meine Wohnung ist bereits ein kleines Museum in dem viele Souvenirs aus der ganzen Welt vorzufinden sind. Die Souvenirs die einen hohen „Nutzungs-Faktor" haben, sind Favorit, so wie diese Tischsets.

Fischcurry

Das Thilanka Hotel liegt sehr nah am Zentrum von Kandy, der alten Königsstadt in der Mitte des Landes. Laut einer alten Weissagung galt Kandy so lange als uneinnehmbar, wie die Berge unangetastet bleiben. Und wenn ich so um mich herum schaue, ist Kandy vor langer Zeit bereits durch die Bevölkerung übernommen worden. Der ganze Berg ist voller Häuser, Hotels und Geschäfte, aufgelockert mit vereinzelt grünen Bäumen. Das Zentrum ist sehr quirlig, laut und hektisch. Idylle findest du nur am Stadtrand. Ich bin von Kandy nicht besonders begeistert.

Wir haben eine Cooking Class gebucht und werden rechtzeitig von Keerthi hingebracht. Eigentlich ist das Kandyan Manor House eine Homestay Adresse, aber die Besitzerin Suzy organisiert diese Aktivität für Gäste. Im Garten warten Barend und Miriam, ein holländisches Ehepaar, die hier übernachtet haben und wir werden gemeinsam die Cooking Demonstration absolvieren. Deren Tochter arbeitet in Holland als Produktmanagerin bei einem Reiseveranstalter, somit gibt es gleich Gesprächsstoff und bekomme ich noch einige Tipps. Suzy nimmt uns mit in ihre Küche. Links ist eine moderne Küche, welche für das Frühstück benutzt wird. Wir nehmen die traditionelle Küche rechts mit einem echten Holzofen. Sie erklärt wie der Ofen alle 3 Monate neu aus Klee und Kuhdung aufgebaut wird. Gekocht wird in Schüsseln aus Ton, weil nur diese die Hitze vom Holzfeuer aushalten. Aber noch haben wir nichts um es auf das Feuer zu stellen. Die wichtigsten Zutaten der singalesischen Küche sind natürlich die Gewürze. Immerhin ist Sri Lanka als Gewürzinsel bekannt. Kein anderes asiatisches Land hat in seiner Kochkunst so viel Raffinesse und Variationsreichtum wie es hier auf Sri Lanka bereits jahrelang praktiziert wird. Heute kochen wir ein Fischcurry mit Bohnen und Salat. Curry kommt von der englischen Form Hindi Karhi, was Soße bedeutet. Die Grundlage ist eine Kokosnussmilch, verfeinert mit Gewürzen und Currypulver. Viel Currypulver!

Suzy zeigt uns zuerst, wie die Kokosnuss geraspelt wird. Mit etwas warmem Wasser wird das ganze mit der Hand, rechts natürlich, geknetet bis eine weiße Milch entsteht. Diese erste Milch wird gefiltert und beiseite gestellt. Erst die zweite mildere Milch ist für das Kochen geeignet. Die erste Milch ist zum Kochen zu konzentriert, wir nehmen sie später her um dem Gericht eine cremige Konsistenz zu geben. Die zweite Milch wird über die Bohnen und den Fisch verteilt, dazu werden jeweils eine andere Mischung aus Kräutern, Gewürzen, Salz, Pfeffer und Zucker dazu gegeben. Mit der Hand wird alles geschüttelt und durchgemischt, dann ab ins Feuer damit! 7 Minuten für den Fisch, 10 Minuten für die Bohnen. Inzwischen bereiten wir eine Kokosnuss-Sambal-Sauce und einen Salat dazu. Alles duftet herrlich, als Suzy die Teller dekoriert und mit Bananenblatt serviert. Und schmecken tut alles noch viel besser. Eine tolle empfehlenswerte Aktivität für die ganze Familie!

Suzy zeigt uns noch schnell ihre Gästezimmer. Geräumig und sehr sauber, dazu ein gemeinsames Wohnzimmer, das Schwimmbad wird bereits gebaut und soll im Juli 2016 fertig sein. Vorne ein herrlicher Garten, in dem Kinder spielen können. Für die Eltern Hängematte und Sonnenliegen und das nur 10 Minuten von Kandy entfernt. Als Homestay ein perfekter Platz! Ich werde mit diesem Ort sicherlich etwas machen.

Am Nachmittag stehen wieder 2 Hotelbesichtigungen an. Das Cinnamon Hotel, ein 4-Sterne Luxushotel außerhalb von Kandy und das kleine Boutique Hotel Amaara Sky, etwas höher am Berg gelegen und noch ohne Pool. In Sri Lanka gibt es entweder kleine Backpacker Hotels, Homestays und Guesthouses oder 4-Sterne Luxushotels. Dazwischen findest du nicht viel. Das hat einerseits mit Nachfrage und Angebot zu tun, andererseits mit dem Bürgerkrieg. Viele Jahre war Sri Lanka in einen Bürgerkrieg verwickelt, in dem die Tamil Tigers einen unabhängigen Staat wollten. Nach über 20 Jahren in mehr oder weniger Kriegsstimmung und vielen Versöhnungsversuchen vor allem von den Norwegern, kam am 16. Mai 2009 endlich das Ende des Krieges. Und Sri Lanka hat noch eine Katastrophe erleben müssen. Den Tsunami vom 26. Dezember 2004, bei dem durch insgesamt 8 Wellen 31.000 Menschen getötet und eine halbe Million Sri Lanker obdachlos wurden. Der Wiederaufbau hat Jahre gedauert und ist noch immer nicht fertig. Da wo

Geld vorhanden war, sind Luxushotels neu gebaut worden. Da wo - immer - noch kein Geld vorhanden ist, also bei vielen einheimischen Familien, leben diese Menschen nach wie vor unter sehr provisorischen, primitiven Umständen!

Keerthi schaut sich am Nachmittag ein Kricket-Match an. Wer Sri Lanka besser verstehen will, muss erst seine Besessenheit für dieses Spiel nachvollziehen können. Kricket ist nicht nur ein Nationalsport, sonder viel mehr ein kultureller Kitt, welcher die Bevölkerung zusammenschweißt. Ich habe mit dem Spiel nichts am Hut, wahrscheinlich, weil ich die Spielregeln auch nicht verstehe. Wir bevorzugen es, den Nachmittag ein wenig durch die Stadt zu wandern. Es ist heute Vollmond, viele Geschäfte sind geschlossen und die Menschen auf der Straße zu finden. Somit hast du jeden Monat bei Vollmond die Chance das Vollmund-Fest zu erleben. Der wichtigste Tempel der Stadt ist natürlich der Zahntempel: Dalada Maligawa, vergleichbar mit dem Mekka der Buddhisten. Zum Dalada Maligawa gehört ein weitläufiges Gelände mit Gebäuden aus dem 17. und 18 Jahrhundert. Der achteckige Vorbau, die Außenmauer und der Wassergraben sind ein Geschenk König Rajasinhas. Über eine Treppe, flankiert von 2 Elefantenreliefs, gelangt man in den inneren Bezirk, wo sich auch die heilige Reliquie mit dem Zahn Buddhas befindet. Die Bedeutung des Zahns ist so groß, dass dreimal täglich religiöse Zeremonien durchgeführt werden. Von Trommelschlägen und Flötentönen begleitet kannst du - am besten mit Opfergaben wie Lotusblumen - den Schrein mit der Reliquie hinter einer Glaswand bewundern. Der Tempelbezirk wird streng bewacht! Und genau heute ist hier so unglaublich viel los, dass wir es sein lassen! Nicht normal. Stattdessen besuchen wir einige Souvenirläden, die noch offen haben. Viel Zeit und Möglichkeiten um Souvenirs zu kaufen, haben wir noch nicht gehabt. Außerdem brauche ich noch kleine Geschenke für die ersten 20 Käufer dieses Buches. Sie bekommen bei einer Bestellung immer ein Souvenir aus dem jeweiligen Land mitgeschickt. Gleich im ersten Shop werde ich fündig. Kleine Schlüsselanhänger mit einem Elefanten, etwas Typisches für Sri Lanka und klein genug um mitzuschicken.

Beim Supermarkt mache ich noch 2 – 3 Fotos von der Abteilung Pampers, Babynahrung und Co. Auch in Kandy, einer Stadt in der 150.000 Personen wohnen, werden diese Sachen gebraucht. Komisch eigentlich, dass wir in Europa oft glauben, diese Produkte woanders auf der Welt nicht kaufen zu können. Hast du gewusst, dass es Dank eines relativ guten Hygiene-Standards und guter Nahrungsmittelversorgung in Sri Lanka, für ein Dritt-Welt-Land, eine sehr hohe Lebenserwartung von 73 Jahren gibt? Unglaublich, oder? Vor allem, wenn du bedenkst, dass die Deutschen eine Lebenserwartung von 80 Jahren haben.

So eine Shoppingtour macht hungrig und wir wollen uns etwas Nahrungsgedanken machen. Da bietet die Pizza Hut für Romy die perfekte Lösung. Und noch besser: Room Service! So bestellen wir uns 2 Pizzen und lassen die etwas später ins Hotel liefern. Geniale Idee!

Ich habe mir noch etwas Abend-Arbeit gegönnt. Einige Gäste warten auf ein Angebot, aber wieder mal muss ich diese Gäste enttäuschen. Die Internetverbindung spielt nicht mit. Es bleibt dann doch ein Dritt-Welt-Land in dem Wasser, Strom und eben Internet noch immer keine Selbstverständlichkeit sind.

Mit Mr. Gamini Wimalawansa | Hurulu Nationalpark

Bootsfahrt Hirawadunna | Reisfrau Thusitha

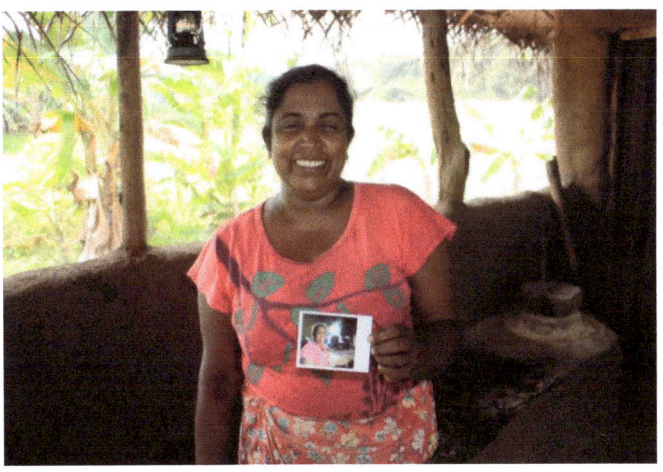

Cooking Class Kandy | Zugfahrt Kandy - Nanuoya

Bummelzug

Sri Lanka hat ein relativ gutes Bahn-Streckennetz mit 150 km Schienen, welches von Nord bis Süd reicht. Und weil die Fahrbahn von Kandy bis Nureliya, wie die Einheimischen Nuwara Eliya liebevoll abkürzen, sehr kurvenreich ist, steigen hier viele Touristen auf die Bahn um. Über ein einspuriges Gleis werden wir in fast 4 Stunden gemütlich zum Nanuoya Bahnhof geschaukelt. Die Züge sind auch in der zweiten Klasse gut brauchbar, wir haben uns Sitzplätze in der ersten Klasse gegönnt, in der es dann doch etwas bequemer ist. Unterwegs passieren wir kleine Dörfer, winken den Dorfbewohnern zu und die Aussicht über die Teeplantagen ist echt fantastisch. Die Türen vom Zug bleiben auf Sri Lanka, im Gegensatz zu unseren Zugtüren, geöffnet. Du solltest hier nicht nur auf dich selbst, sondern insbesondere auf die Kinder aufpassen. Am besten ist es, dich dort einfach hinzusetzen. Inzwischen legt Keerthi die Strecke mit unserem Gepäck mit dem Auto zurück. Im Zug werden wir von lokalen Verkäufern mit warmen Nüssen, frischen Mandarinen und viel zu scharfen Brötchen versorgt. Ich habe meine Kühltasche mit Picknick, Essen, warmem Wasser für Kaffee, Tee oder Suppe und 2 Äpfel wieder mitgenommen. Wenn es dich interessiert, was in der Kühltasche alles drinnen ist, dann lese einfach den Bericht auf unserem Blog: http//blog.travelkid.at. So genießen wir die Fahrt, die eigentlich viel zu kurz ist!

Als Romy und ich aussteigen wollen, wird laut auf das Fenster geklopft. Keerthi! Er hat es rechtzeitig nach Nureliya geschafft. Für ihn immer wieder spannend, weil er vom Verkehr abhängig ist. Er hat uns am Anfang der Reise ein Handy gegeben und wir können ihn jederzeit anrufen, wenn etwas sein sollte. Wir steigen wieder ins vertraute Auto und innerhalb von 10 Minuten ragt das koloniale Grand Hotel vor uns auf. Ein fantastisch schönes, typisch englisches Landhaus aus dem 19. Jahrhundert. Sicherlich das beste Hotel hier in der Gegend und es wird noch schöner. Ich habe ein Zimmerupgrade bekommen. Nicht von Deluxe auf Superior sondern direkt in die Junior Suite. Ein stilvoll eingerichtetes Zimmer mit separatem Wohnzimmer, gigantischem Badezimmer, Trennwand zum Schlafzimmer und begehbarem Schrank. Welche Frau wünscht sich das nicht? Einen begehbaren Schrank bitte. Leider sind wir hier nur 2 Nächte, sonst hätte ich nur für das Gefühl einen begehbaren Kleiderschrank zu haben, meinen Koffer ausgepackt! Ich werde öfters gefragt, wie ich es mit dem Auspacken mache. Ganz simpel, ich packe nie aus. Ich lebe aus meinem Koffer. Und danach immer die zweite Frage, was ich benutze: Rolltasche, Koffer oder Rucksack. Ich finde einen Rucksack unpraktisch. Immer das, was ich brauche, befindet sich garantiert ganz unten. Wenn du einen Koffer aufmachst, fliegt immer alles aus einer Seite raus, außer du hast einen Koffer mit einem flachen Deckel, ohne Fach. Ich selbst nehme immer Rolltaschen, am liebsten mit 4 - 5 Seitenfächern. Da stecke ich alles, was ich nicht immer brauche, rein, wie

Erste-Hilfe-Box, Ladekabelsalat oder Moskitonetz, für Sri Lanka übrigens wieder umsonst mitgenommen, weil wir noch keine einzige Mücke gesehen haben. Die Rolltasche kaufe ich günstig bei Hofer, Lidl oder so. Und sie hält durchschnittlich 3 Reisen durch. Es ist echt egal ob ich mit einer 15-Euro-Hofer-Tasche, 70-Euro-Kipling oder 150-Euro-Samsonite verreise, spätestens nach der 3. Reise ist jedes Gepäckstück kaputt. Ob durch Sand, Gepäcksband am Flughafen, oder, so wie auf der letzten Reise, einfach durchs heben, statt rollen, alles geht kaputt. Aber du solltest das Gepäckstück nehmen, was dir gefällt, was am besten zu dir passt. Einen Tipp habe ich noch. Ich muss ganz ehrlich gestehen, dass ich selbst nie darauf gekommen wäre, aber meine holländische Freundin Ada Rosman-Kleinjan hat mir empfohlen einen Steckerblock mitzunehmen. „So ein großes Ding?", habe ich sie gefragt. Aber auch jetzt hier in Sri Lanka benötigst du einen Adapter und mit den vielen Aufladegeräten wie Telefone, Kamera, Vlogkamera, Zahnbürste, Tablet, etc. für 2 Personen ist so ein Steckerblock echt der Hammer! Vor allem wenn du mit mehreren Personen unterwegs bist und nur einen, höchstens 2 Adapter hast, echt ein Supertipp!

Nuwara Eliya ist unter anderem bekannt für seine Pferderennen. Im Zentrum der Stadt liegt ein enormes Trab- und Renncenter und jeden Monat findet hier ein Rennen statt. Wir buchen gleich eine Reittour, weil es hier etwas leichter ist, zu einem Pferd zu kommen. Tamarand und Happy Girl werden unsere Freunde, ein Führer begleitet uns wieder zu Fuß und los geht´s.

Entlang den Teeplantagen reiten wir den Hang nach oben und haben eine fantastische Aussicht über die Stadt. Während der Kolonialzeit zog das kühle Klima Scharen englischer Beamter und Besitzer von Teeplantagen an. Heutzutage genießen vor allem reiche Sri Lanker die klimatischen Vorzüge der herrlichen Sommerfrische auf dem Golfplatz. Inzwischen verschwindet die Sonne langsam hinter dem Berg. Nureliya liegt auf knapp 2000 Metern Seehöhe und es ist zum ersten Mal so richtig frisch. Einerseits lieben die Einheimischen es, weil es eine angenehme Temperatur ist. Keerthi nicht, ihm ist viel zu kalt hier. Auch ich bin froh, als wir wieder in die Sonne gelangen. Romy dreht neben der Trabbahn noch zwei, drei Runden im Galopp auf einer Wiese, dann bringen wir die Pferde zurück und verabreden uns gleich für den nächsten Tag.

Punkt 18.15 Uhr stehen wir beim indischen Restaurant vor der Türe. Dieses Restaurant gehört zum Grand Hotel dazu und auch Gäste von auswärts sind hier herzlich willkommen. Aus diesem Grund nimmt das Restaurant keine Reservierungen an und als der Besitzer um Punkt 18.30 Uhr seine Türen aufsperrt, ist das kleine Lokal auch gleich voll. Gäste die um 18.35 Uhr kommen, haben Pech. Romy bestellt einen Hühnersalat, ich ein Hühnercurry, dazu Süßkartoffelchips und warme Cashew Nüsse. Ich verstehe jetzt, warum das Lokal Abend für Abend ausverkauft ist. Du solltest hier echt vorbei schauen.

Pflückerinnen

Eine Aktivität, die in Nuwara Eliya öfters auf dem Programm stehen wird, ist die Wanderung im Nationalpark Horton Plains. Der 4 km lange Rundweg führt durch das von Bergen umgebene Grasland und Wälder, mit World's End, einem 1312 m tiefen Abgrund, als spektakulärsten Aussichtpunkt am Ende der Wanderung. Wenn die Luft klar ist, siehst du bis zur südlichen Küste hinüber. Ich war bei meiner vorigen Reise bereits oben und lasse heute die Horton Plains mit dem World's End einfach sein. Stattdessen fahren wir sehr früh zur Teeplantage. Wie Tee produziert wird, habe ich schon viele Male gesehen. Es ist mir aber noch nie gelungen, die Pflückerinnen gut zu fotografieren. Ich war einfach immer zu spät oder am falschen Fleck. Und Heute passt es wieder nicht, na ja, noch nicht. Heute sind wir viel zu früh dran! Auf Sri Lanka wird anscheinend erst ab 8 Uhr morgens gepflückt.

Wir fahren zur Mackwood's Teefabrik und hier ist tatsächlich alles noch geschlossen. Während wir warten fotografiere ich die Aussicht, wobei ich sagen muss, dass die Werbestrategie der Besitzer funktioniert. Direkt vor mir steht der Name der Teefabrik mit Riesenbuchstaben, wie auch HOLLYWOOD über Los Angeles thront, direkt vor meiner Nase. Ein gutes Bild ohne dieses Schild ist kaum machbar. Inzwischen hat das Personal die Fabrik aufgesperrt und gleichzeitig laden die ersten Busse ihre

Schulkinder aus. Gleich 100 Kinder zwischen 14 und 16 Jahren besuchen heute die Fabrik. Gekleidet in einer weißen Uniform, Krawatte und standardmäßig viel zu große Schuhe, sind diese Kinder im Prinzip nicht anders wie unsere Kinder. Fotos mit Freundinnen, Selfie's, Selfie Sticks, Fototricks, wie einen Gegenstand am Horizont im Vordergrund zwischen die Finger nehmen. Hier vor der Fabrik läuft auf der Aussichtsplattform ein gleiches Szenario ab wie am Schulplatz zu Hause. Ein Physiklehrer traut sich mich zu fragen, ob ich mit ihm aufs Bild möchte. Natürlich mach ich das, Romy fotografiert die Szene. Einige Mädchen trauen sich auch Romy zu fragen und sie stellt sich bereitwillig vor die Kamera. Um etwas Tiefe in meine Bilder zu bekommen, habe ich eine Hibiskusblüte gepflückt. Sie soll als Vordergrund dienen. Das Bild wird trotzdem nichts, nur was mache ich jetzt mit der Blume? Neben mir steht ein junger Mann, cooler Typ mit Sonnenbrille. Vorsichtig stecke ich die Blume hinter sein Ohr. Als er es dann bemerkt, lacht natürlich die ganze Klasse, weil die schon längst gesehen haben, was ich mache. Als Belohnung mach ich noch ein Bild mit ihm. Spaß muss sein und… ich bin einen Facebook Freund reicher!

Die Fabrik hat eine kleine Verkaufshalle nebenan, in dem die neulich produzierten Teeschachteln verkauft werden. Wir dürfen den grünen Tee verkosten und eine Packung Zimt Tee geht mit nach Zell am See. Dann ist es Zeit uns zu den Pflückerinnen zu beeilen. Wir wandern in dem Acker eine Stiege hinunter und eine Dame kommt uns entgegen. Sie hat schon bemerkt, dass wir die Frauen bei der Arbeit fotografieren möchten und das riecht nach Geld. Wir klettern etwas mühsam über Steine und Bäche, während diese Dame es mit doppeltem Alter, barfüßig und halb gefülltem Teesack am Kopf dreimal so schnell schafft wie wir. Ich begrüße die Damen herzlich und noch bevor ich die Kamera eingeschaltet habe, heißt es „Money, Money!" Ja, ja, erst Fotos, dann schauen wir mal. Das eine nach dem anderen Bild gelangt auf die Speicherkarte und währenddessen fragen die Damen immer um Geld. Ganz oben am Hang hat sich der Boss gemeldet und schreit etwas Unverständliches nach unten. „Weiter pflücken" wird es wohl heißen und so pflücken die Damen fleißig weiter.

Die Teeproduktion kam erst 1880 in Schwung, nachdem die Kaffeesträucher von einer Krankheit befallen worden waren. Der Beruf Teepflückerin ist immer weiblich, dafür machen Männer wieder andere Sachen auf dem Land oder in der Fabrik. Ein harter Job für die Frauen, manchmal wohnen sie weiter weg und haben dadurch eine längere Anreise. Sie müssen zwischen 15 und 20 Kilo pro Tag an Tee pflücken und benötigen dafür 7 bis 10 Stunden. Wenn sie eine Familie zu betreuen haben, sicherlich nicht einfach. Und das für ein paar Rupien pro Tag. Andererseits auch nicht gerade unwichtig in diesen Ländern, sie <u>haben</u> eine Job! Das macht einen riesen Unterschied. Inzwischen stehen 200 Fotos auf der Kamera und ich zahle den Frauen 100 Rupiah pro Person und zwar so, dass der Boss es nicht sieht! Sonst wird er das Geld kassieren, weil die Frauen in seinen Augen in dieser Zeit zu wenig gepflückt haben.

Empfehlenswert ist sicherlich der niedliche überdachte Markt in Nuwara Eliya. Kleine Obst-, Gemüse- und Fischverkäufer präsentieren ihre Waren. Der Fisch liegt wieder einfach so auf einem Holztisch, er würde bei uns nie gekauft werden. Das Obst und Gemüse ist so schön aufeinander geschlichtet, dass ich Angst habe, gegen den Tisch zu stoßen. Dann liegt garantiert alles am Boden. Ich möchte natürlich Gewürze für ein Curry kaufen. Romy und ich essen relativ viel asiatisch und mit den herrlichen Currys, die es hier gibt, hat sich die Menüliste etwas ausgedehnt. „You must buy it in the supermarket, better quality", sagt Keerthi. Witzig! Ich habe immer gedacht, dass die Qualität auf dem Markt „echter" ist. Trotz seiner Empfehlung nehme ich vom Markt eine Dose Currypulver und bin schon auf die erste selbstgekochte Curry-Mahlzeit gespannt.

Auch das Zentrum ist wieder typisch für Sri Lanka, versehen mit kleinen Shops, Restaurants, einem großen Supermarkt und natürlich kleine Souvenirshops. Dazwischen manövrieren Menschen, Autos, Tuktuks, und Mopeds. Und natürlich streunende Straßenhunde. Laut ist es auf den Straßen immer, weil bei jedem Manöver gehupt wird. Ein typisches Straßenbild, welches du auf Sri Lanka immer wieder sehen wirst.

Das Araliya Green Hotel liegt direkt neben dem Grand Hotel. Da wo das Grand Hotel voller Tradition steckt, ist das Araliya 2014 komplett neu gebaut worden. Es ist, wie das Grand Hotel, auch ein 4-Sterne Hotel und weil es sehr modern eingerichtet ist, kann man die zwei Hotels überhaupt nicht miteinander vergleichen. Ein Teil der Zimmer im Araliya ist mehr für den europäischen Markt eingerichtet worden mit Holzböden, im anderen Trakt des Hotels gibt es Teppichböden, vor allem für den arabischen und amerikanischen Markt. Diese Gäste finden Teppichböden luxuriöser. Ich merke öfters, egal wo auf der Welt, dass Gäste ein neues Zimmer mit Teppichboden als alt und schmuddelig bezeichnen. Wahrscheinlich die Gewohnheit.

Die Mittagszeit genießt Romy auf dem Laufband im Gym, während ich mir im Cafébereich einen Tisch aneigne und für einige Stunden ein Büro daraus mache. Endlich funktioniert das Internet mal ordentlich, das war bis jetzt und auch bei meiner letzten Reise durch Sri Lanka noch nicht der Fall. Es wird weltweit immer besser und manchmal funktioniert das Wifi besser als das Telefonnetz. Ich muss auch dringend den Reisebericht weiter schreiben und Wäsche waschen. Ja auch Hausarbeit bleibt mir auf Reisen nicht erspart.

Um 16 Uhr holt Keerthi uns für die zweite Reittour ab. Dieses Mal wird er uns begleiten, ich habe für ihn nämlich ein zusätzliches Pferd organisiert. Noch nie ist er auf einem Pferd gesessen, das merke ich schon an der kurzen Hose, die er trägt. Die Beine scheuern beim Reiten am Sattel und mit der nackten Haut ist das echt nicht angenehm. Jedenfalls hat er großen Spaß und wir auch, weil er das kleinste Pony bekommen hat. Ein lustiger Anblick! Die zwei Jungs von gestern sind wieder mit dabei und wir reiten heute an der anderen Seite vom

Dorf durch den Dschungel hoch. Eine nette Tour, ganz relaxt in der Sonne und im Schritt. Ich höre öfters über Reitunfälle im Urlaub. Wir bleiben meistens im Schritt, genießen die Aussicht, Galopp heben wir uns meistens für zu Hause in der vertrauten Umgebung auf. Wir machen noch ein paar Bilder in der Teeplantage und geben nach einer Stunde die Pferde zurück. Keerthi ist sichtbar froh über die Tour und das freut mich. Er hat schon so viel für mich gemacht, mehr als er muss. Da hat er definitiv eine Belohnung verdient.

Heute genießen wir das Abendessen direkt im Hotel. Während dieser Reise sind wir, vor allem durch das volle Programm, etwas auf die bequemere Art unterwegs. Ich würde fast sagen, das ist auch gut so, sonst hätte ich heute das herrliche Fisch-Curry nicht bekommen. Das schmeckt nämlich fantastisch!

Raubkatzen

Relativ früh werden wir von Keerthi abgeholt. Heute steht eine etwas längere Fahrt auf dem Programm, nämlich zur Küste. Meine Gäste lasse ich öfters in der Mitte, in Ella, zwischenübernachten. Wir fahren die gesamte Stecke bis Yala durch. Mit größeren Kindern ist das durchaus möglich und Romy ist schon etwas abgehärtet, was Reisen anbelangt. Der erste Teil bis Ella oder eigentlich bis Wellawaya ist noch sehr kurvenreich. Unterwegs kommst du am botanischen Garten Hakgala vorbei, der einen Besuch wert ist. Oder du machst eine kleine Wanderung zum Little Peak. Wenn du auf diese beiden Ausflüge verzichten willst, ist es auch möglich in 3,5 Stunden von Nuwara Eliya nach Ella mit dem Zug zu fahren. Sicherlich für Kinder, die nicht so „kurvenfest" sind, ist die Bahn eine gute Alternative.

In Ella gibt es 2 interessante Sehenswürdigkeiten zum Anschauen. Zuerst den Höhlentempel, welcher in einer 30-minütigen Wanderung zu erreichen ist. Und den Wasserfall, direkt neben der Straße gelegen. Sonst hat Ella, so am Rande des Hochplateaus, fantastische Aussichten zu bieten. Hier teilt sich das sogenannte Ella Gap: die 1000 Meter hohe Bergkette und die Tiefebene. Auch wenn du in den Uda Walawe Nationalpark fahren willst, nimmst du den gleichen Weg via Ella und Wellawaya. Für Uda Walawe biegst du bei Tanamalwita rechts ab, für Yala geht es noch weiter südlich. Wenn du Uda

Walawe besuchen willst, ist es ratsam via Ratnapura nach Colombo zurück zu fahren. Es spart einfach einige Kilometer. Obwohl Uda Walawe viel ruhiger als Yala ist, was wieder einen Grund hat, haben wir uns gegen Uda Walawe entschieden. Der Grund ist ganz einfach und vergleichbar mit Minneriya. In Uda Walawe befinden sich eigentlich nur Vögel und Elefanten und diese dann in kleineren Mengen. Auch steht das Gras sehr hoch und das Gebüsch ist sehr dicht. Dadurch sind kleine Tiere wie Mangoose, Wildschweine oder Hirsche viel schwieriger zu sehen.

Tissamaharam ist Ausgangspunkt für Safaris im Ruhana Nationalpark, so wie der Yala Nationalpark eigentlich heißt. Obwohl ein Besuch in der Trockenzeit zwischen Oktober und Januar die beste Reisezeit für Elefantenbeobachtungen ist, kannst du die Dickhäuter hier das ganze Jahr durch antreffen. Auch Büffel, Sambar- oder Axishirsche, Wildschweine und Bären sammeln sich an den vielen Wasserlöchern. Spektakulär ist sicherlich das Vogelleben in der savannenartigen Natur. Wir haben zum Beispiel Pfaue, Pelikane, Großstörche und Löffelreiher gesichtet. Echt bekannt ist der Park natürlich für seine Dichte an Leoparden. Und die möchten wir sehen!

Um halb drei nachmittags werden wir von unserem Führer Surez abgeholt. Sein Jeep ist etwas luxuriöser, als der den wir in Hurulu hatten. Sechs Sitzplätze, komfortable Stühle und ein Dach, damit die Leoparden uns nicht auffressen können. Hast du gewusst, dass Leoparden, Löwen und so, niemals in den Jeep zu uns hineinspringen werden? Sie werden immer auf das Dach des Autos springen, aus dem einfachen Grund, dass sie uns nicht sehen können. Das Fahrzeug inkl. Kabine und Personenteil ist ein schwarzer Fleck für die Tiere. Beruhigend, oder? Surez muss zuerst das Ticket für den Eintritt organisieren. Hier wird mir wieder mal so richtig schlecht, weil 82 andere Fahrzeuge gleichzeitig in den Park hinein möchten. Ich bin froh, als ich bemerke, dass die Autos sich im Park schnell verteilen. Allerdings nicht immer, denn wenn es etwas zu sehen gibt, häufen sich die Autos wieder und es entsteht ein richtiges Verkehrschaos. Durch den Lärm, obwohl ein absolutes Hupverbot gilt, verschwinden viele Tiere doch so schnell wie möglich vom Schauplatz. Surez hat verstanden, dass wir lieber alleine nach rechts fahren möchten, wenn alle anderen nach links abbiegen. Und gleich nachdem wir ganz alleine nach rechts abgebogen sind, sehen wir einen Schakal neben dem Straßenrand im Gebüsch sitzen. Wir kennen diese Tiere bereits aus Namibia (Siehe Elefantenspuren – *mit meiner Tochter auf Abenteuerreise durch Namibia)*, trotzdem ein besonderer „Fang"! Weiter geht es mit Hirschen, Büffeln, Störchen, Pfauen und jeder Menge Elefanten. Surez schlägt vor, etwas weiter in den Park hinein zu fahren, weil die meisten anderen Autos lieber zum Strand fahren. Yala grenzt nämlich im Süden der Insel direkt an den indischen Ozean, welcher eine magische Anziehungskraft hat.

Im Park selbst ist alles etwas besser organisiert als in den Nationalparken Hurulu, Minneriya und Kaudulla. So dürfen die Fahrzeuge die Pfade nicht verlassen. Ganz alleine sind wir auf den roten Sandpfaden unterwegs und plötzlich, wie aus dem Nichts, überquert ein Leopard, nicht mal 20 Meter vor uns, die Straße! Whow. Ganz schnell mache ich auf gut Glück 40 Bilder von ihm bis er am andern Straßenrand wieder im Wald verschwindet. Gelungen ist nur eines. Aber so was tolles, einen frei lebenden Leoparden zu sehen! Langsam fährt Surez nach vorne zu dem Platz, wo er im Wald verschwunden ist. Da steht er! Etwas hinter einem Gebüsch und wartet. Aber worauf? „Look behind the truck!", sagt Keerthi plötzlich. Da rennt ein Leopardenjunges hinter unserem Fahrzeug über die Straße zur Mama, der Leopard ist eine Leopardin! So viel Glück, 2 Leoparden! Etwas verdutzt und aufgeregt über das eben Erlebte, setzen wir die Safari fort und sehen gleich eine Stunde lang nichts mehr. Als ob wir für so viel Glück bestraft werden. Blödsinn natürlich, die Tiere haben wir nie im Griff, so werden wir am Ende der Safari nochmals so richtig mit 2 badenden Elefanten und einer kleinen Herde mit 2 Babyelefanten, direkt neben unserem Auto, belohnt. Und habe ich eigentlich die Schlange und die Hanuman-Languren mit dem kleinen schwarzen Gesicht erwähnt? Erst als ich später meine Bilder in der Lodge auf dem Laptop anschaue, registriere ich, wie viele Tiere wir heute eigentlich gesehen haben!

Bevor wir zu unserem 3-Sterne Elephant Reach Hotel zurückfahren, besuchen wir noch das Jetwing Yala Hotel. Es ist ein neues Hotel, maximal 2 Jahre alt, es wurde 2006 durch den Tsunami komplett verwüstet. Dieses Jetwing ist das Hotel, das ich normalerweise für meine 4-Sterne

Gäste buche. Ein herrlich neues und modernes Hotel, welches jetzt leider ausgebucht war. Deswegen sind Romy und ich wo anders untergebracht. Die Zimmer sind sehr geräumig und haben, so wie die Bar und das Restaurant, Aussicht auf das Meer. Du kannst hier sogar im Meer schwimmen. Es gibt Life Guards, die auf dich aufpassen. Das Elephant Reach, in dem wir übernachten, liegt etwas weiter vom Eingang des Nationalparks entfernt und hat definitiv einen Sterne weniger. Trotzdem ein brauchbares Hotel, wenn du auf Komfort und Luxus verzichten willst, sauber ist es in jedem Fall. Die Bungalows, in denen sich die Zimmer befinden, liegen in einer bewaldeten Umgebung, das Schwimmbad mitten drinnen und das Restaurant bietet ein Buffet oder Essen à la Carte. Dann heißt es Safari Staub abduschen und ab ins Bett!

High Tea

Nach einer kurzen Nacht geht um 5 Uhr früh der Wecker wieder. Für die heutige Safari sollten wir früh aufstehen, weil auch die Tiere immer früh auf sind. Beim Ticketschalter dann das gleiche Ritual wie am Vortag, wiederum stehen knappe hundert Fahrzeuge bereit um Bär, Elefant und Leopard zu Gesicht zu bekommen. Surez ist auch heute dabei und kennt unsere Wünsche. Und, obwohl er versucht, einen Pfad für uns alleine zu finden, stoßen wir nach 10 Minuten auf mehrere Jeeps. Sicherlich 30 Fahrzeuge stehen aneinander gequetscht und verursachen ein richtiges Verkehrschaos. Das kann nur eines bedeuten... "Ein Bär", sagt Surez. Den haben wir auf unserer Liste noch nicht abhaken können. Aber Bärli lässt sich auch nicht abhaken! Als wir endlich dazu stoßen, ist er schon längst im Regenwald verschwunden. Das gleiche noch mal eine halbe Stunde später mit einem Leoparden. Auch zu spät durch das Autochaos auf der Straße. Wir warten noch 15 Minuten am Straßenrand in der Hoffnung, dass der Leopard aus dem Wald zurück kommt. Vergeblich. Auch die nächste Stunde gehen wir leer aus. Ein Büffel und eine Herde Axishirsche, sonst nichts! Nach so viel Euphorie vom Vortag ist die heutige Liste ein echter Dämpfer. Wir fahren langsam in Richtung Ausgang zurück, weil wir heute noch einen langen Tag vor uns haben. Außerdem wird es für die Tiere schon zu warm, die ziehen sich lieber in den Wald zurück. Wahrscheinlich ist das auch der Grund, warum wir kaum Tiere sehen. Die Tiere suchen lieber den Schatten von den Bäumen auf. Außer... der Leopard! Der trinkt beim Wasserloch noch schnell seinen Durst weg und so haben wir innerhalb von 18 Stunden 3 Leoparden gesehen, mehr als in den letzten 25 Jahren!

Von Yala aus folgen wir der Küstenstraße nach Balapitiya, gelegen an der Westküste und unserem heutigen Endziel. In der Nähe von Dikwella steht der Wewuru Kannala Tempel und wir machen hier einen kurzen Stopp. Als ich aus dem Auto aussteige, kommt ein Mann auf mich zu. Er verkauft blaue Lotusblumen und ich kaufe ihm für 100 Rupiah seine Blumen ab. Es ist ein noch sehr junger Tempel. Erbaut in 1970, dafür mit der höchsten Buddhastatue Sri Lankas ausgestattet, nämlich 50 Meter hoch. Etwas weniger schön finde ich die bunten Figuren und Wandgemälde mit den skurrilen gewalttätigen Darstellungen.

Obwohl ich schon viele buddhistische Tempel besucht habe, lernt Keerthi uns heute, dass die Tempel immer aus 4 Komponenten bestehen. Einer Pagoda, einem heiligen Bodhi Baum, einem Kloster für die Mönche und einer Statue von Buddha. Das habe ich bis jetzt nicht gewusst. Dieser Tempel hat noch eine zusätzliche Komponente: einen Elefanten. Du kannst das Tier für viel Geld fotografieren, nur so lange „wir" das machen, werden Elefanten aus ihrer natürlichen Umgebung geholt und leben dann, so wie hier, ein „angekettetes" Leben. Grausam und ich möchte euch wirklich bitten, diese angeketteten Tiere nicht zu fotografieren! Keerthi lernt uns auch, dass wir die Lotus-Blume beim Stängel abknicken sollen. Opfern tuest du nur die Blume. „Wenn der Stängel an der Blume bleibt, werden diese Blumen vom Altar weggeholt, nochmals hergenommen und wieder verkauft", erklärt er uns.

Auf der Weiterfahrt passieren wir kleinere und größere Ortschaften wie Matare, bekannt für sein Joghurt, seine Diamanten und seine Universität. Oder Mirissa, Ausgangspunkt für die Whale Watching Touren und Kottala, bekannt wegen der Stelzenfischer, obwohl es die echten traditionellen Brandungsangler kaum mehr gibt. Für ein Foto zocken die Burschen die Touristen so richtig ab und du bist schnell mal 500 - 1000 Rupien los!

Unawatuna wird durch den Massentourismus und seine Nebenerscheinungen etwas getrübt. Das gleiche sehe ich später in Hikkaduwa. Kurz vor Galle – in Ahangama besuchen wir das Insight Resort. Vor 2 Jahren hat meine Agentur dieses Hotel gekauft und renoviert und Nilmin, der Boss meiner Agentur, hat uns hier zum Mittagessen eingeladen. Eine Oase der Ruhe, ziemlich sicheres Meer, schöne Zimmer mit Aussicht auf das Meer, Schwimmbad, Spa und Gym. Dieses Hotel ist definitiv einen Besuch wert. Wenn du eine Whale Watching Tour von Mirissa aus machst, eine gute Gelegenheit für einen Zwischenstopp.

Galle ist natürlich die bekannteste Ortschaft am südlichen Küstenstreifen. Durch seine geographische

Lage am Südwestzipfel der Insel war der Ort in früheren Zeiten ein strategischer Handelsposten für die Schiffe. Im Fort – UNESCO Welterbe - tauchst du in das alte Leben der Stadt ein. Koloniale Häuser mit Teakholztüren, das alte holländische Gefängnis, der 18 m hohe Leuchtturm, der Uhrturm. Alles Überreste aus dieser spannenden Zeit im 17. Jahrhundert.

Inzwischen steht Keerthi in Verbindung mit Sumith, einem deutschsprachigen Reiseleiter und gleichzeitig Kollegen. Ich habe für eine 6-köpfige Familie aus der Schweiz eine Rundreise organisiert und eine kleine Überraschung geplant: einen High Tea. Die Familie hat keine Ahnung von der Überraschung, nur Sumith und Keerthi sind im Komplott integriert. Um Punkt 16.30 Uhr, wie ausgemacht, wandert die Familie nichts ahnend in die Lobby des Hotels, wo wir schon warten. „Ayubowan in Sri Lanka", heiße ich die Familie herzlich Willkommen. Sie sind sichtbar überrascht und freuen sich über das Treffen. Einige andere Familien wissen es bereits. Wenn ich gleichzeitig irgendwo in einem Land im gleichen Ort unterwegs bin, treffe ich mich immer mit meinen Gästen! Auch für mich immer wieder nett, weil ich bei 9 von 10 Buchungen keine Gesichter kenne. So auch bei dieser Familie. Bei einem High Tea lernen wir uns ein wenig kennen, auch die 3 Kinder haben viel Freude bei der Reise, das jüngste Kind ist erst 2 Jahre alt. Wieder ein Beweis, dass Reisen mit Kleinkindern überhaupt kein Problem ist und Sri Lanka definitiv eine Destination für Kinder und Kleinkinder ist!

Nach einer Stunde verabschieden wir uns und ich wünsche ihnen eine schöne Weiterreise. Diese Familie ist erst seit 2 Tagen in Sri Lanka, wir sind leider nur noch 2 Tage da. Weiter geht es Richtung Balapitiya, in dem wir das kleine Boutique Hotel Michelle Beach beziehen werden und fahren dabei durch Ambalangoda. Dieses Dorf war 2006 durch den Tsunami am meisten betroffen. Viele Häuser stehen als Ruinen da, manches ist wieder neu aufgebaut. Bei anderen Häusern siehst du, dass ein Teil des Hauses abgerissen wurde. Der Teil, welcher stehen geblieben ist, ist renoviert worden. In erster Linie habe ich gedacht, dass alles alt oder einfach kaputt ist, bis Keerthi dann erklärt, dass das meiste Überreste vom Tsunami sind. Auch seine Nachbarn haben die Katastrophe nicht überlebt. Diese Familie war mit dem Zug auf dem Weg nach Colombo und der Zug wurde in Ambalangoda von einer Welle mitgerissen. Ich glaube sogar, dass ich es in den damaligen Nachrichten gesehen oder gelesen habe. Beeindruckend! Als ich etwas später im Hotel ein Zimmer direkt am Meer bekomme, sind die Gefühle auch sehr gemischt. Obwohl ich es besser weiß, ist es manchmal echt unheimlich, die Wellen mit voller Wucht auf die Felsen brechen zu hören. Ich schlafe die Nacht sehr unruhig und wache mehrmals auf. Wie muss es für die betroffenen Menschen sein, die hier wohnen und tagtäglich diese Geräusche hören?

Kobra

Die herrliche Lagunenlandschaft vom Madu Ganga Fluss liegt etwas nördlich von Balapitiya. Heute testen wir mit einem Motorboot die Bootsfahrt durch den Mangrovenwald. Du kannst hier für die Kinder eine Schwimmweste mitnehmen, wir machen die Fahrt ohne. Der Madu Ganga Fluss ist bekannt für seine zahlreichen Fischzuchten an denen wir vorbei fahren. Bei der ersten Station sind es vor allem Fische für die Aquariumzucht, bei der zweiten Station hauptsächlich Garnelen für den Konsum. Ab und zu macht der Bootsmann einen kleinen Abstecher direkt durch die Mangroven und wir haben dabei gute Sicht auf den Wurzelsalat. Tief verankert im Boden stehen die Wurzeln sehr dicht an einander gereiht und bieten dabei für Kleintiere wir Krebse, Fische und Echsen ein gutes Versteck. So kannst du während der Flussfahrt verschiedene Tiere beobachten. Wir haben einen Wasserwaran gesehen, farbenfrohe Kingfischer Vögel und blaue ungefährliche Quallen. Im Fluss, der manchmal so breit ist, dass er mehr wie ein See ausschaut, liegen 64 kleine Inseln. Auf einer dieser Inseln wächst Zimt und wir können für eine Vorführung kurz an Land gehen. Ich bekomme endlich mal zu sehen, wie die kleinen Zimtstöckchen entstehen. Die Vorführung beginnt: von einem Ast wird zuerst die erste Rinde weggenommen und auch die zweite Schicht wird weggeraspelt. Darunter liegt die Zimtschicht versteckt, die jetzt mehr nach Limetten riecht als nach Zimt. Durch einen Längsschnitt und zwei Querschnitte wird die dazwischen liegende Haut in größeren oder auch in kleinern Streifen vorsichtig vom Ast abgerollt. Dann werden mehrere von diesen Streifen ineinander gerollt, damit die Zimtstöckchen ihre Dicke bekommen. Irgendjemand muss sich das ganze irgendwann mal ausgedacht haben. Wie entdeckst du, dass die dritte Schicht von einem Ast Zimt enthält, welche auch noch essbar ist? Interessant! Die Zimtstöckchen werden noch 2 Wochen getrocknet und sind dann für den Wiederverkauf – so wie auch hier - fertig. Ich nehme für nicht mal 40 Cent eine Packung Zimtstäbchen und eine Packung Zimtpulver mit. Auch wenn ich sie dann vielleicht nicht benutze, finde ich es wichtig hier etwas zu kaufen. In Dritt-Welt-Ländern ist Geld verdienen oft lebenswichtig. Und weil die Dame eine nette Vorführung abgehalten hat, darf sie auch etwas verdienen!

Wir steigen wieder ins Boot und kommen an einer kleinen Tempelinsel vorbei. Ich habe vergessen die Sarongs einzupacken und wir können nicht auf die Insel um den Tempel anzuschauen. Schade! Die letzte Insel an der wir vorbeifahren ist eine sehr große Insel. „Hier wohnen fast 400 Familien", sagt Keerthi. Es gibt auf der Insel sogar eine Schule und ein Supermarkt. Insgesamt eine interessante Bootsfahrt.

Der Strand von Kosgoda ist bekannt für die Eiablage vieler Meeresschildkröten. Wer uns ein wenig kennt, weiß, dass Romy ein großer Fan dieser Tiere ist. Somit ist der Besuch im Turtle Conservation Project ein Muss. Wir besuchen das ganz kleine Sea Turtle Conservation Center, ein kleines Zentrum, welches von Freiwilligen mehr als Hobby betrieben wird. Hier gibt es nicht so viele Schildkröten zu sehen, dafür steckt viel mehr Liebe dahinter wie zum Beispiel im kommerziellen Sea Turtle Sanctuary und Research Center, welches wir danach besuchten. Wir wissen, dass frisch geschlüpfte Tiere für ungefähr 7 Tage Nahrung in ihrem Bauch haben. Nahrung, die sie benötigen um schnellstmöglich in den Tiefen des Ozeans zu verschwinden. Wenn die Tiere zu viele Tage in den Salzwasserbecken verbringen müssen, in denen sie fleißig herumpaddeln, auf den Arm genommen und fotografiert werden, verschwenden sie sehr viel Energie und die Überlebenschancen sinken dramatisch! Ein bis maximal 2 Tage ist empfehlenswert, dann sind sie etwas kräftiger und so wird es auch in der ersten Station gemacht. Ich höre öfters euphorische Geschichten, dass Menschen gesehen haben, wie eine Schildkröte an Land gekommen ist für die Eiablage und dabei zugeschaut haben, wie sie ihr Nest gegraben hat. Bei dem Satz „Leider hat sie keine Eier abgelegt", wird es Romy dann echt schlecht. Der Grund ist eigentlich grausam. DU hast die Schildkröte nämlich gestört und deswegen hat die Schildkröte keine Eier gelegt! Diese Unwissenheit macht Romy echt sehr traurig. Der Wurf ist nämlich verloren, die Schildkröte wird die „leeren" Eier im Meer ablassen und es kann manchmal Jahre dauern, bis sie wieder zur Eiablage an Land kommt. Deswegen von Romy eine kleine Lektion für Euch: Gehe also bitte niemals hin, wenn du eine Schildkröte an Land kommen siehst. Und wenn es unbedingt doch sein soll, dann warte weit, weit weg, ganz versteckt bis die Schildkröte ihr Nest gegraben hat und endlich ihre Eier ablegt. Erst dann gerät dieses Tier in einen Trancezustand und nimmt ihre Umgebung nicht mehr wahr. Jetzt kannst du dich nähern – wenn es unbedingt sein muss - und du hast genügend Zeit das Tier zu fotografieren. Ohne Blitz, soviel sollte klar sein. Sobald sie anfängt ihr Nest zu vergraben, ist es auch Zeit für dich zu gehen.

Wir haben auf die Touristenattraktion der zweiten „Schutzstation" verzichtet, nämlich 5 – 6 Tage alte Schildkröten auf den Arm zu nehmen und bei Tageslicht für viel Geld auszusetzen und sind hier mehr oder weniger geflüchtet. Sie machen leider mit den 6 Bussen voller asiatischer Touristen genügend Geschäft und somit stelle ich das Thema Schutzstation versus Geld echt in Frage.

Ambalangoda ist nicht nur wegen dem Tsunami bekannt, es ist auch das Zentrum des Teufelstanz und der Maskenherstellung. Die Ausstellung im kleinen Museum erklärt einiges über den Ursprung und die Bedeutung der Masken. Gleich daneben befindet sich eine Werkstatt, in der die Masken mit der Hand geschnitzt werden und wir schauen den vier Männern eine Weile beim Hacken, Schnitzen und Malen zu. Hast du gewusst, dass eine Maske mit einem Pfau im Haus Glück bringen soll? Die beeindruckenden Masken mit der Kobra sollen dich beschützen. Und, obwohl die Waren im ersten Stock in einem kleinen Verkaufsraum zu etwas überhöhten Preisen angeboten werden, nehmen wir eine Kobramaske mit nach Hause und hoffen, dass sie – nach unserem Brand in der letzten Silvesternacht - ihre Funktion erfüllt.

Nach einem kurzen Besuch im fantastischen Shinagawa Beach Boutique Hotel, ein Alternativhotel für das Michelle Beach Boutique Hotel, in dem wir übernachten, allerdings nur mit Doppelzimmern ohne Verbindungstüren, verbringen wir den gesamten Nachmittag am Pool. Viel Zeit zum Schwimmen und Relaxen haben wir auf dieser Reise noch nicht gehabt. Leider gibt es heute am Strand Code Rot und wir dürfen nicht ins Meer. Interessant, weil das Meer gestern Abend eigentlich relativ flach war. Es weht heute ein viel kräftigerer Wind als gestern. Das Ganze endet am Abend dann mit einem heftigen Tropenguss mit Blitz und Donner. Sri Lanka braucht ihn dringend, es ist nämlich der erste Regen seit 3 Monaten! Auch während der Monsunmonate gibt es öfters längere sonnige und trockene Abschnitte, etwas was wir gar nicht erwarten.

Reise-Klamotten

Heute besuche ich meine Agentur. Es kann manchmal ganz witzig hergehen, wie Kontakte entstehen. So auch dieser Kontakt und es freut mich, hier mal etwas Hintergrundinformation zu geben. Ich war mit meiner Freundin Ada Rosman-Kleinjan (Siehe Reisfelder – *ISBN 978-3-7431-6533-5)* auf der ITB in Berlin, der weltweit größten Tourismusmesse, und wir gönnten uns nach den vielen Terminen mal eine Kaffeepause. Während ich uns etwas zu trinken holte, suchte Ada einen freien Tisch für uns. Sie fragte 2 Männer mit noch 2 freien Sitzplätzen an deren Tisch, ob wir uns dazu setzen dürfen. Im gleichen Moment kam ein betrunkener Mann daher und drängte sich bei Ada auf. Alexander, einer der 2 Männer am Tisch, kam ihr zu Hilfe und bat den Mann zu gehen. Seitdem geht Alexander als „Ada´s Retter" durchs Leben. Wir gerieten ins Gespräch und ich erfuhr, dass der zweite Herr Marketing Manager bei einer kleineren Agentur für Incoming Services in Sri Lanka ist. Der Retter Alexander absolvierte ein Praktikum bei dieser Agentur. Ich war mit meiner derzeitigen Agentur auf Sri Lanka nicht zufrieden und auf der Messe auf der Suche nach einer neuen Agentur. Und weil es keine Zufälle gibt, habe ich die Visitenkarten von Alexander und Dhanushka eingesteckt und alle anderen weggeworfen. Es war eine gute Entscheidung!

Heute bin ich aufgeregt, weil ich zum ersten Mal das Büro meiner Agentur besuche. Ich werde Shereen kennenlernen, sie betreut meine Buchungen und ich kenne sie nur von den E-Mails. Und Madhu, sie managt die Reservierungsabteilung. Ich habe sie und Nilmin, den Besitzer der Agentur, dieses Jahr in Berlin auf der ITB bereits kennengelernt. Auch lerne ich Ravi kennen, Ravi ist die rechte Hand von Nilmin. Das Büro befindet sich in einem relativ großen Gebäude und über 2 Stockwerke sind die Abteilungen, Planung, Buchhaltung, Ticketing, Reservierungen und Transport verteilt. Die Arbeitsmittel sind recht modern, es herrscht ein gutes Arbeitsklima und eine freundliche Stimmung. Keerthi ist schon 20 Jahre bei der Firma und kennt jeden. Auch wichtig für mich zu sehen, ob nicht nur meine Gäste in guten Händen sind.

Nach einem kurzen Besuch, verlassen wir das Büro und Keerthi manövriert sein Auto mühelos durch den chaotischen Verkehr von Colombo. Seit 2 Wochen fahren wir durch das Land, aber der Verkehr hier in der Hauptstadt ist wirklich gewöhnungsbedürftig, abartig! Überall Busse, Mopeds, Menschen, Tuktuks, Hunde und dann der normale Verkehr noch dazu. Wenn es zweispurig ist, versucht immer jemand 3 Spuren daraus zu machen. Die Busse überholen überall, egal ob es geht oder nicht. Tuktuks lassen sich von Autos von der Straße drängen, drängen sich andererseits überall dazwischen. Richtung gibt niemand an und ob die Bremslichter funktionieren, interessiert hier auch keinen. Keerthi kennt den Verkehr mit seinen Regeln und hupt sich relativ rasch durch das Chaos. Ich bin schon einiges gewohnt und miete selbst im Ausland relativ oft einen Mietwagen. Hier in Colombo würde selbst ich es mir mehrmals überlegen und eigentlich nicht machen. Ich widme mich auf Sri Lanka auch lieber dem Fair Trade Gedanken, wobei ich eher schauen werde, dass die Menschen hier nach dem Bürgerkrieg wieder Arbeit haben als noch mehr Geld in die Multinationals der Mietwagenfirmen zu pumpen. Chauffeur statt Mietwagen hat für mich, sicherlich für Sri Lanka, einen doppelten Wert bekommen. Ich schaffe Arbeitsplätze und vielleicht noch wichtiger, es ist viel sicherer! Genau jetzt, wo mir dieser Gedanke durch den Kopf geht, kracht ein Autobus beim Überholen ins entgegenkommende Fahrzeug. Das ist sicherlich der zehnte Unfall, den ich in 2 Wochen Sri Lanka gesehen habe!

Wir sind im Kingsbury Hotel einquartiert, ein nobles Hotel direkt am Strand. Viel Zeit um die Stadt oder den Strand anzuschauen haben wir nicht, außerdem regnet es echt extrem. Stattdessen packen wir das gesamte Gepäck für den Flug ein und ich checke online ein. Keerthi ist nach Hause gefahren, er freut sich seine Frau und Tochter wieder zu sehen. Romy und ich sind am Abend nochmals mit Ravi, Madhu und Shereen für ein nettes Abendessen verabredet. Das heißt also schick machen. Weißt du, was ich nie verstehe? Warum so viele Reisende mit ihrer ältesten Kleidung, ihrer abzippbaren Hose, dreckigen Bergschuhen und rotem Fleece-Pulli verreisen. Ich finde es fast eine Beleidigung für das Land um mit deinen ältesten Klamotten her zu kommen. Werde ich von einem Tempelbesuch so schmutzig, dass ich dafür nur alte Klamotten anziehen kann? Und brauche ich bei einer Wanderung durch die Stadt wirklich meine Bergschuhe? Ziehst du die zu Hause auch an, wenn du in die Stadt gehst? Und wieso so was Hässliches wie einen Fleece-Pulli. Zum einen ist es ein Mega-Paket und sau schwer zum Einpacken, zum anderen schaut es so formlos, plump und nicht elegant aus. Gibt es da wirklich nichts anderes zum Anziehen? Und viele Reisende verschenken ihre verschwitzte, durchlöcherte und dreckige Kleidung dann auch noch. Ich finde das eine noch größere Beleidigung! Ich kenne es von der Caritas. Was da alles in die Container geschmissen wird, von Socken mit Löchern bis hin zu Unterhosen mit den Monatsbinden noch drinnen. Unglaublich. Auch wenn ich noch so arm wäre, würde ich doch sowas niemals anziehen! Würdest du? Kleidung verschenken gerne, mache ich auch, aber bitte ordentlich und wir sollten dabei niemands Würde verletzen. Vielleicht kann der eine oder andere Reisende beim nächsten Mal Koffer packen mal schauen, ob das nette Hemd oder das schöne Kleid nicht auch auf die Fernreise mitgehen kann. Denn wieso darf ich während einer Fernreise nicht mal ein nettes Kleidchen oder meine Highheels tragen?

Strahlen

Für den Rückflug habe ich eine nette saubere Hose mit schicker Bluse aufgehoben. Und so auf dem Weg zum Flughafen kommt bei mir immer Abschiedsschmerz auf. Egal ob ich kurz oder lange in einem Land war, ich finde es immer schwierig mich von einem Land zu trennen. Keine Ahnung warum. Ist es weil ich wieder zurück in die Realität gehe? Anderseits lebe ich meinen Traum und werde, so wie in alle anderen Destinationen, auch hier demnächst wieder hinfliegen. Es ist kein Abschied für immer. Das kann es dann nicht sein. Jedenfalls schaut die von Indien herab getropfte Perle im indischen Ozean heute echt mehr wie eine Träne aus. Eine Träne, weil wir das schöne und gastfreundliche Land, samt lieben Keerthi, verlassen müssen. Innerhalb kürzester Zeit habe ich mich erneut in die kleine Inselnation mit seiner reichen Palette an Farben, Szenerien, Kulturen und Kostbarkeiten verliebt.

Aber niemand hat dieser schönen Insel mehr Glanz gegeben als seine Bewohner selbst! Als sie 1972 den kolonialen Namen Ceylon ablegten, fügten sie der ursprünglichen Bezeichnung Lanka ein „Sri" hinzu, was so viel wie „strahlend" oder „vom Glück begünstigt" heißt. Ich hoffe, dass Sri Lanka jetzt etwas länger vom Glück begünstigt bleibt. Und der Rest der Welt…, der darf schon etwas mehr strahlen!

Teeplückerin Nuwara Eliya | Reittour mit Keerthi

Leopard in Yala Nationalpark | Leuchtturm Galle

Vorführung Zimt Madu Ganga Fluss | Thanks Keerthi!

TRAVELKID „abenteuerlich einfach"

Fernreisen und Kinder passen wunderbar zusammen. Unter dem Motto „*abenteuerlich einfach*" stellt **TRAVELKID**, ein sehr dynamisches Internet-Unternehmen, Reisen in entfernte und exotische Länder vor – maßgeschneidert für Familien mit Kindern.

TRAVELKID kommt ohne Hochglanzprospekte oder überflüssige Fransen aus, im Internet (www.travelkid.at) ist alles Wissenswerte zu finden. Dabei geht Klasse vor Masse: jede Reise wird gemeinsam mit einem lokalen Reisebüro individuell zusammengestellt. Nicht zuletzt der Kunde profitiert davon, dass diese Agenturen ihr Land und das touristische Angebot wie ihre Westentasche kennen.

Da die **TRAVELKID** Reiseziele außerhalb des europäischen Kulturkreises liegen, kommt die Familie in Kontakt mit anderen Menschen, fremden Kulturen und Religionen, unbekannten Gebräuchen und ungewohnter Mentalität. Besonders das Reisen mit Kindern bietet den

Erwachsenen die Möglichkeit, die Welt einmal mit den Augen der Kinder zu sehen – ein erstaunliches Erlebnis. Und weil diese Rundreisen nur im individuellen Rahmen stattfinden, gibt's statt Bettenburgen kleine, feine, sehr authentische Unterkünfte, meist mit Pool, Strandnähe oder Spielplatz und von Einheimischen geführt. Auch Reisebusse haben hier nichts zu suchen, **TRAVELKID** nützt für seine Rundreisen Zug, Boot, Mietwagen, manchmal wie auf Sri Lanka mit eigenem Chauffeur.

Jetzt heißt es also abstimmen, wohin die Reise geht: nach Sri Lanka für die Besteigung des Löwenfelsens und zum Tempel des Zahns, nach Bali zum Vulkan-Bestaunen und Delphin-Beobachten, nach Namibia für eine Safari und Dünenbesteigung oder nach Florida zu Krokodilen und Mickey Mouse?

Sri Lanka ist eine interessante und kinderfreundliche Destination und **TRAVELKID** liefert ein ergreifendes und abwechslungsreiches Programm, abgestimmt auf „junge und alte" Kinderwünsche.

Wenn du mit deiner Familie auch gerne eine Sri Lanka Reise unternehmen willst, dann schicke einfach ein E-Mail an info@travelkid.at für ein unverbindliches Angebot.

TRAVELKID Reisetipps

T = Transport

Wir waren auf Sri Lanka mit einem privaten Chauffeur unterwegs. Wir haben uns für diese Variante entschieden. Zum einen, weil in Sri Lanka der Verkehr manchmal, in unseren Augen, ohne Regeln und ziemlich chaotisch abläuft. Zum anderen möchten wir den Aufschwung des Landes fördern und die Möglichkeiten für Arbeitsstellen erhöhen. Es gibt bei TRAVELKID die Möglichkeit während deiner Reise von einem deutsch- oder englisch sprechenden Chauffeur begleitet zu werden.

Bei all unseren Sri Lanka Rundreisen sind die Transfers von und zum Flughafen, sowie zwischen den verschiedenen Unterkünften, im Preis inkludiert. Am Flughafen wartet der Chauffeur bereits auf dich und er bringt dich und deine Familie zum ersten Hotel. Das Auto verfügt über Klima. Kinderstühle für Kinder von 1 bis 5 Jahren können wir gerne organisieren. Für Kleinkinder, die noch in einen Maxi-Cosy-Stuhl passen, empfehlen wir diesen von zu Hause mitzunehmen.

An den Tagen, an denen wir optional buchbare Bausteine anbieten, wirst du von deinem Chauffeur begleitet. So hast du unterwegs die Möglichkeit etwas von der Umgebung zu sehen und über das tägliche Leben auf Sri Lanka zu erfahren. Der Chauffeur kennt die schönsten Aussichtspunkte und die besten Restaurants, in denen du in Ruhe einen Kaffee oder das Mittagessen genießen kannst.

Und weil die Straße zwischen Kandy und Nuwara Eliya sehr kurvenreich ist, und die Kinder damit meistens keine große Freude haben, organisiert TRAVELKID hier eine gemütliche Zugfahrt. Während der Fahrt haben die Kinder die Möglichkeit frei herum zu gehen, etwas von der Umgebung zu sehen oder mal auszurasten.

Bei der Safari in den Nationalparks wirst du mit einem robusten, oft nicht so komfortablen 4x4 Jeep die Safaris machen. Dafür ist die Belohnung umso größer!

R = Reisedokumente

Reisepass
Der Reisepass muss mindestens 6 Monate über das Visum hinaus gültig sein und über noch mindestens zwei freie Seiten im Bereich „Sichtvermerk" verfügen. Auch Kinder und Säuglinge brauchen einen eigenen Reisepass mit Foto.

Bitte beachte folgendes: Sollte das Kind einen anderen Namen tragen als der mit dem Kind reisende Elternteil, so ist die Vorlage der Original-Geburtsurkunde beim Check-In am Flughafen sowie bei der Ausreisekontrolle notwendig.

Visum
Für österreichische, deutsche und schweizer Staatsbürger ist ein Visum erforderlich, das vor Beginn der Reise beantragt werden muss und für einen Touristenaufenthalt von maximal 30 Tagen gültig ist. Dieses soll vorab als „Electronic Travel Authorization" (ETA) im Online Verfahren unter www.eta.gov.lk beantragt werden. Die Gebühr beträgt 30 USD und ist mit einer Kreditkarte zu bezahlen.

Bei Vorab-Beantragung im Online-Verfahren, achte bitte darauf, dass alle Angaben korrekt sind. Die srilankischen Behörden bestehen auch bei kleinen Fehlern (z.B. Zahlendreher oder versehentliche Eintragung des Buchstaben „O" anstatt der Zahl „0" in der Passnummer) auf die Ausstellung eines neuen Visums am Flughafen, für das dann erneut Gebühren verlangt werden.

Reisende anderer Nationalitäten bitten wir, sich über die entsprechenden Einreisebestimmungen bei der Sri Lanka Botschaft ihres Landes zu erkundigen.

Weitere Informationen zu Einreisebestimmungen nach Sri Lanka und zur Sicherheit findest du auf der Website des auswärtigen Amtes.

Impfungen
Wir empfehlen, dich rechtzeitig vor der Abreise mit einem Arzt in Verbindung zu setzen, um dich über die entsprechende Gesundheitsvorsorge und die eventuellen Impfungen zu informieren. Unsere Angaben zu

Impfungen sind nur als Empfehlungen anzusehen, dafür kann von TRAVELKID verständlicherweise keine Haftung übernommen werden.

Sri Lanka verlangt keine Pflichtimpfungen, aber es ist anzuraten, dich um folgende Vorsorgemaßnahmen zu kümmern:

- Diphtherie, Tetanus, Polio
- Hepatitis A, Hepatitis B

Eine Impfung gegen Bauchtyphus wird erst dann empfohlen, wenn du länger als 4 Wochen unter mangelnden hygienischen Umständen in Sri Lanka unterwegs bist.

Malaria
Malaria kommt das ganze Jahr über in Sri Lanka vor. Es gibt jedoch je nach Gebiet und Jahreszeit große Unterschiede. Ein geringes Risiko gibt es in den nördlichen und östlichen Landesteilen; wenn Orte höher als 1500 Meter liegen wird hier auf Grund der Kälte keine Malaria vorkommen. Im übrigen Land gibt es kein Risiko.

Ob du eine Prophylaxe benötigst, hängt von dem Reiseplan und der Jahreszeit ab. Prophylaxe oder nicht, es ist immer wichtig, risikobeschränkende Maßnahmen zu treffen. Wir haben keine Prophylaxe genommen.

A = Alter der Teilnehmer

Sri Lanka ist eine Destination für jedermann. Natürlich benötigst du einige Flexibilität, weil Sri Lanka doch ein armes Land ist und manche Sachen einfach anders laufen als bei uns. Wenn die Reisetage etwas begrenzt sind, bist du manchmal etwas länger unterwegs. So sind Negombo – Sigiriya, Nuwara Eliya – Yala und Yala – Balapitiya längere Strecken mit bis zu 5 Stunden Autofahrt. Auch Kandy – Passikudha ist eine längere Fahrt.

V = Valuta

Die Währung in Sri Lanka ist die ceylonesische Rupie. Die Wechselrate schwankt ständig. Aktuelle Wechselkurse kannst du auf der OANDA Website anschauen. Devisen dürfen unbegrenzt eingeführt werden, müssen allerdings bei der Einreise auf einem Formblatt deklariert werden.

Es empfiehlt sich, Bargeld sowie Kreditkarten mitzunehmen. Umtauschen kann man in fast allen Banken, Hotels, in den größeren Geschäften und gleich bei der Einreise am Flughafen in Colombo. Geldautomaten, die ausländische Maestro Karten akzeptieren, findet man inzwischen in ganz Sri Lanka, selbst in den kleineren Orten. Wir haben nur bei der Commerz Bank Geld abheben können. **Nicht vergessen:** Es gibt ein neues Gesetz, welches fordert, dass du bei deiner Bank zuerst deine Bankomat-Karte für´s Ausland freischalten musst.

Die Ausgaben für eine Woche auf Sri Lanka belaufen sich auf ungefähr EUR 180,- pro Person für die Dinge, die nicht im Reisepreis enthalten sind wie Mahlzeiten, Eintrittsgelder und persönliche Ausgaben.

Trinkgeld
Im internationalen Tourismus ist es inzwischen überall üblich, Trinkgelder zu geben. Lokale Reisebegleiter, Busfahrer, Kofferträger und weitere im Tourismus Beschäftigte sind auf Trinkgelder von unseren Reisenden angewiesen, da die regulären Arbeitslöhne generell niedrig sind. Das Trinkgeld ist ein fester Bestandteil ihres Einkommens.

Wir empfehlen LKR 100 für das Zimmermädchen oder Kofferträger. Ein Bootsmann oder Chauffeur während einer Safari freut sich über LKR 1.000 und für den Chauffeur ist ein Betrag von LKR 10.000 pro Tag ein angemessener Betrag. Stand 2016.

E = Elektrizität

In Sri Lanka kommt Wechselstrom mit 230 – 240 Volt und 50 Hertz aus den Steckdosen. Da viele Steckdosen dreipolig sind, wie in Großbritannien, ist die Mitnahme eines internationalen Adapters notwendig. Einfache Adapter gibt es auf Sri Lanka in fast jedem Laden für wenige Rupien zu kaufen.

Wir empfehlen einen Steckerblock mitzunehmen. Mit den vielen Geräten für eine ganze Familie, ist ein Steckerblock eine große Hilfe.

L = Logis

Die Übernachtungen sind in komfortablen Unterkünften, mit Schwimmbad. Außerdem liegen einige Hotels nah am Strand oder auf wenigen Minuten Gehdistanz zur Stadt. Die Zimmer besitzen meistens Klimaanlage oder Ventilatoren und in der Regel wirst du eine Minibar und Farbfernseher vorfinden. Die Zimmer sind ausgestattet mit einer eigenen Dusche oder Badewanne und WC.

Hier haben wir übernachtet:

Negombo	Jetwing Beach
Dambulla	Amaya Lake Resort
Kandy	Thilanka Hotel
Nuwara Eliya	Grand Hotel
Yala	Elephant Reach Hotel
Balapitiya	Michelle Beach Boutique
Colombo	Kingsbury

K = Klima und beste Reisezeit

Das Klima Sri Lankas ist tropisch und wird vom Monsun geprägt. Man unterscheidet zwischen dem Sommer- oder Südwestmonsun (Mai bis Oktober), dem Winter- oder Nordostmonsun (November bis April) und den dazwischen liegenden monsunfreien Perioden in den entsprechenden Regionen.

Während des Sommermonsuns regnet es an der West- und Südküste mehr. Im Gegensatz dazu kommt es während des Wintermonsuns in den östlichen und nördlichen Landesteilen zu verstärkten Niederschlägen. Auf Sri Lanka musst du im Landesinneren das ganze Jahr über mit Regen rechnen. Die Regenfälle beschränken sich jedoch meist nur auf heftige Schauer in den Nachmittagsstunden, so dass trotz Regenzeit täglich die Sonne scheint. Der regenreichste Monat ist der Mai.

Durch die relative Nähe zum Äquator und aufgrund der Höhenlage zwischen 0 m und 2.500 m solltest du in Sri Lanka mit hoher Luftfeuchtigkeit und wechselnden Temperaturen rechnen. Im Flachland ist es feucht und heiß, im Gebirge kann es sehr kühl werden, allerdings sinken die nächtlichen Werte dabei nur ganz selten unter 10°C.

Beste Reisezeit zum Baden und Schnorcheln in Sri Lanka

Durch den Einfluss der Monsune herrschen unterschiedliche Bedingungen an den Küsten von Sri Lanka zu unterschiedlichen Zeiten.

Nordküste

Die Nordküste der Insel ist zwischen November und April gefährlich, hier sollte man in dieser Zeit nicht baden oder schnorcheln gehen. Die geschützte Südküste ist während dieser Reisezeit wesentlich besser für diese Art von Aktivität geeignet.

Ostküste

An der Ostküste ist das Meer etwas flacher als an anderen Küsten. Dementsprechend wird das Meer auch nicht so rau. Die Bedingungen zum Schnorcheln und Baden sind hier etwas angenehmer. Die Gefahr von Unterwasserströmungen besteht jedoch auch bei diesem flachen Wasser.

Süd- und Westküste

Sri Lanka ist nicht nur für seine traumhaften Strände, sondern auch für seine rauen, hohen Wellen bekannt. Viele Surfer werden dieses Bild lieben, für eine Familie mit Kindern ist dieses Bild eher abschreckend. Ein wichtiger Faktor hierfür sind die beiden Monsune und die hiermit zusammenhängenden Winde. Außerhalb der Hauptsaison (und somit meistens innerhalb der Monsunzeit) kommt der Wind direkt vom Meer frontal auf die

Küste. Dadurch wird das Meer wesentlich rauer, die Wellen um ein wesentliches größer. In diesen Momenten ist es sehr gefährlich im Meer baden oder schnorcheln zu gehen.

Die häufig auftretenden Unterwasserströmungen sind ein weiterer wichtiger Aspekt zum sicheren Baden und Schnorcheln auf Sri Lanka. An den Küsten treten diese Strömungen sehr häufig auf. Ganz wichtig ist es, solltest du in eine solche Strömung geraten, nicht dagegen anzukämpfen, sondern zu versuchen seitlich aus der Strömung herauszuschwimmen. Lerne auch den Kindern diesen Trick!

Bevor du auf Sri Lanka schwimmen gehst, solltest du in jedem Fall bei den Einheimischen nachfragen, wo du mit den Kindern sicher baden oder schnorcheln gehen kannst. Darüber hinaus sollten vorzugsweise die Strände in Sri Lanka aufgesucht werden, denen ein Riff vorgelagert ist. Dies sorgt dafür, dass die hohen Wellen bereits am Riff „abgefangen" werden und der Strandbereich wesentlich sicherer ist.

I = Internationale Zeitverschiebung

Die internationale Zeitverschiebung zwischen Sri Lanka und Österreich beträgt plus 4 1/2 bzw. 3 1/2 Stunden. Sri Lanka befindet sich in der so genannten Indian Standard Time Zeitzone. In dieser Zeitzone gibt es keine Umstellung von Winterzeit auf Sommerzeit. Dadurch verändert sich der Zeitunterschied bei Sommerzeit zu Sri

Lanka um plus 3 1/2 h Stunden. Während in der Winterzeit der Zeitunterschied zwischen uns und Sri Lanka 4 1/2 Stunden beträgt.

D = Dinner und anderes Essen

Sri Lanka gilt als die Gewürz-Insel und die sri-lankische Küche präsentiert sich als eine der schärfsten der Welt. Wer das scharfe Essen nicht mag, findet in den Touristenorten auch zahlreiche Restaurants mit westlicher Speisekarte.

Zum Mittagessen wird standardmäßig Rice-and-Curry serviert. Auf dem Tisch werden zahlreiche kleine Schalen mit diversen Gemüse- und Fleisch-Curries serviert, dazu Reis, Pickles, Joghurt und Papadam (Cracker). Am Abend gibt es öfters nur etwas Kleines zu essen, so genannte Short Eats.

Das Wasser kann auf Sri Lanka nicht aus dem Hahn getrunken werden! Einer der gesündesten Durstlöscher ist der Saft der gelb-roten King Coconut.

Wichtige Adressen

Botschaft der Dem. Soz. Republik Sri Lanka
Weyringergasse 33
1040 Wien - Österreich
Telefon: +43 - 1 - 503 79 880

Botschaft von Sri Lanka
Zeppelinallee 23Niklasstrasse 19
14163 Berlin – Deutschland
Tel. +49 – 30 – 8090 9749

Sri Lankan Consulate General
Rue de Moillebeau 56
1209 Genf – Schweiz
Tel. + 41 – 22 - 919 1250

Österreichische Botschaft
Car Mart Building Union Place 424
Colombo – Sri Lanka
Tel. +94 – 11 – 269 1613

Deutsche Botschaft
Alfres House Avenue 40
Colombo – Sri Lanka
Tel: +94 – 11 – 258 0431

Schweizer Botschaft
Senanayake Mawatha 63
Colombo – Sri Lanka
Tel. +94 – 11 – 269 5117

Fremdenverkehrsamt Sri Lanka
Allerheiligentor 2 - 4
60311 Frankfurt am Main – Deutschland
Tel. +49 – 69 – 2877 34
www.sri-lanka-board.de

TRAVELKID Fernreisen GmbH & Co KG

Das komplette Reisebüro für deine Sri Lanka Reise – von der Zusammenstellung der Reise über Hotelreservierung bis hin zu Flugbuchungen oder des TRAVELKID Reisebuches für Kinder sowie das Abschließen einer Storno- und Reiseversicherung bei der Europäischen.

Seeuferstraße 6b - 5700 Zell am See - Österreich
www.travelkid.at | info@travelkid.at

Meine anderen Bücher

20 Fotos
übersichtliche Costa Rica Karte
248 Seiten
Ausführliche Informationen
Detaillierte Reiseroute
ISBN 978-3-8448-0164-4
Preis: € 16,00
1. Auflage 2011, 2. Auflage 2016
Neuauflage Januar 2017

Dschungelfieber
mit meiner Tochter auf Abenteuerreise durch Costa Rica

Rauchende Vulkane, freundliche Ticos, saftig grüne Regenwälder, farbenfrohe Dschungeltiere, coole Cowboys und prächtige Strände. Das sind die würzigen Zutaten einer abwechslungsreichen Costa Rica Reise. In diesem neuen TRAVELKID Reisebericht **Dschungelfieber –** *mit meiner Tochter auf Abenteuerreise durch Costa Rica –* erzählt die Autorin Patrice Kragten von ihren Erlebnissen während der Abenteuerreise durch „die reiche Küste", die sie gemeinsam mit ihrer 7-jährigen Tochter Romy im Sommer 2010 unternommen hat. Im Sommer 2016 haben die Zwei Costa Rica nochmals besucht und dabei den Süden erkundet.

Kragten: „Mit einem 4x4 Auto legten wir gemütlich 1.500 Kilometer zurück. Wir besuchten den damals weltweit aktivsten Vulkan El Arenal, erkundeten verschiedenste Regenwälder zu Fuß, mit dem Boot oder auf dem Rücken eines Vierbeiners. Dabei haben wir die typischen Dschungeltiere wie Giftpfeilfrösche und Faultiere kennen gelernt. Und einige unvorhersehbare Abenteuer kreuzten unseren Weg..."

„Aber wir haben uns vor allem den Traum-Spruch der Ticos, der gleichzeitig auch das Lebensmotto dieses freundlichen Völkchens ist, angeeignet. Also „Pura Vida", genieße das Leben!"

24 Fotos
übersichtliche Indonesien Karte
168 Seiten
Ausführliche Informationen
Detaillierte Reiseroute
ISBN 978-3-7431-6533-5
Preis: € 14,00
1. Auflage 2009 | 2. Auflage 2016
Neuauflage Januar 2017

Reisfelder

mit meiner Tochter auf Abenteuerreise durch Indonesien

In diesem neuen TRAVELKID Reisebericht **Reisfelder** – *mit meiner Tochter auf Abenteuerreise durch Indonesien* - berichtet Patrice Kragten von ihren Erfahrungen während einer 5-wöchigen Rundreise durch Java und Bali, die sie gemeinsam mit ihrer 6-jährigen Tochter Romy im Oktober 2008 unternommen hat. Ob der Bericht jetzt von **buddhistischer Baukunst** des Borobodurs, der Freilassung der Meeresschildkröte Chili oder von den Wanderungen durch Reisfelder handelt - die Holländerin hat überall nützliche Informationen für das Unternehmen einer Fernreise mit Kindern eingebunden.

Während einer zweiten Reise werden spannende Aktivitäten und neue Hotels für TRAVELKID Fernreisen auf Kindertauglichkeit getestet.

Kragten: „Mit einem Auto, sowie einem hilfsbereiten Chauffeur und einem engagierten Reiseleiter, legte ich über 1.800 Kilometer zurück. Ich besuchte mit meiner Tochter den weltberühmten Borobodur, wanderten durch und radelten entlang saftig grüner Reisfelder, standen im Krater eines schlafenden Vulkans, haben den Glauben der Indonesier kennen gelernt und schwammen im azurblauen Bali See."

Der Reisebericht, verständlich und einfach geschrieben, soll einerseits Informationen bieten für diejenigen, die demnächst mit Kindern eine Bali Reise unternehmen möchten. Anderseits sollten die Erfahrungen dazu dienen, dass Familien sich trauen, eine Fernreise mit den Kindern, in diesem Fall nach Indonesien, zu unternehmen.

Ich frage Romy ganz vorsichtig, ob sie vielleicht Angst vor der Schlange hat, worauf sie antwortet: „Ich? Nein, ich habe eh Bergschuhe an!"

18 Farbbilder
übersichtliche Malaysia Karte
160 Seiten
Ausführliche Informationen
Detaillierte Reiseroute
ISBN 978-3-7431-6523-2
Preis: € 14,00
1. Auflage 2015
Neuauflage Januar 2017

Affentheater
mit meiner Tochter auf Abenteuerreise durch Malaysia

Im Gegensatz zum nördlichen Nachbarn Thailand, ist Malaysia noch so etwas wie eine Unbekannte. In diesem TRAVELKID Reisebericht Affentheater – *mit meiner Tochter auf Abenteuerreise durch Malaysia* - entdeckt die Autorin gemeinsam mit ihrer 11-jährigen Tochter die unterschiedlichsten Facetten von Malaysia und wird dabei feststellen, dass sie die Wunder Malaysias nicht allein mit bloßem Auge erfassen kann. Auf dem Festland beobachtet sie Flora und Fauna im Nationalpark Taman Negara, findet in Kuala Lumpur ein reiches kulturelles Erbe und ist über eine große Auswahl an köstlichen Gerichten beeindruckt.

Im Vergleich zu West-Malaysia findet Kragten auf Borneo nochmals eine andere Welt. Borneo ist mehr eine Naturreise mit exotischen Tieren und Pflanzen, mit kilometerlangen Flussläufen, welche sich durch den dichten Dschungel schlängeln, mit versteckt liegenden Ansiedlungen mitten im Regenwald, welche sich oft nur mit Booten erreichen lassen und weißen Pulverstränden auf wahrhaft paradiesischen Inseln. Malaysia macht definitiv Lust auf mehr

„Wir stehen bei einem Busch und laut Sapri sitzt die Schlange genau vor uns. Romy hat eigentlich ein ganz gutes Gespür für Wildtiere und sieht sie meistens schneller wie ich. Jetzt stößt auch sie an ihre Grenzen."

24 Farbbilder
übersichtliche Namibia Karte
204 Seiten
Ausführliche Informationen
Detaillierte Reiseroute
ISBN 978-3-7431-5442-1
Preis: € 14,00
1. Auflage 2009 | 2. Auflage 2015
Neuauflage Januar 2017

Elefantenspuren
mit meiner Tochter auf Abenteuerreise durch Namibia

In dem ersten TRAVELKID Reisebericht **Elefantenspuren** – *mit meiner Tochter auf Abenteuerreise durch Namibia* - berichtet Patrice Kragten über ihre Erfahrungen während den Rundreisen durch Namibia, die sie gemeinsam mit ihrer Tochter Romy im April 2009 und Juli 2012 unternommen hat. Ob der Bericht jetzt von roten Sanddünen der Sossus Vlei, den Himba-Frauen aus Opuwo oder den Wildtieren Etoshas handelt - die Holländerin hat überall nützliche Informationen für das Unternehmen einer Fernreise mit Kindern eingebunden.

Kragten: „Mit einem 4x4 Fahrzeug, ausgestattet mit einem Dachzelt in dem wir meistens übernachtet haben, legten wir während beiden Reisen 3.760 Kilometer zurück. Wir haben die roten Sanddünen bestiegen, wo unsere Fußabdrücke so groß wie Elefantenspuren geworden sind. Wir besuchten das Himba Volk, die zwar Elefanten kennen, aber keine Ahnung haben, was ein Hai ist. Und natürlich folgten wir im Etosha Nationalpark den Spuren der Elefanten."

„Romy schenkt einem Himba-Kind einen Hai aus Plastik. Die Mutter des Kindes weiß was ein Elefant ist, hat aber keine Ahnung, was der Hai für ein Tier ist und wo er lebt."

22 Fotos
übersichtliche China Karte
176 Seiten
Ausführliche Informationen
Detaillierte Reiseroute
ISBN 978-3-7431-0241-5
Preis: € 14,00
1. Auflage 2013
Neuauflage Januar 2017

Steinhaufen
Mit meiner Tochter auf Abenteuerreise durch China

Weltberühmte Sehenswürdigkeiten wie die Terrakotta-Armee und die chinesische Mauer werden mit weniger bekannten Reisezielen wie der Innenstadt von Lijiang oder dem versteinerten Wald von Shilin abgewechselt. In diesem TRAVELKID Reisebericht **Steinhaufen** – *mit meiner Tochter auf Abenteuerreise durch China* - entdeckt die Autorin gemeinsam mit ihrer 9-jährigen Tochter diese und andere Weltkultur- und Weltnaturerbe der UNESCO, an denen China reich ist. Außerdem hat sie mehrere unterschiedliche Transportmittel von Bahn bis Flugzeug, von Fahrrad bis Bambusfloß und Tuktuk benutzt und damit die Weltmetropolen Peking und Hong Kong erkundet, sowie die saftig grünen Reisterrassen von Longshen und das prachtvolle Karstgebirge rundum Yangshuo entdeckt. Die traumhafte Landschaft der unbekannten und nicht-touristischen inneren Mongolei, im Norden Chinas, haben die beiden mit Pferden ausgeforscht.

„Das eine Kind wird die Schönheit der chinesischen Mauer, der verbotenen Stadt, des Karstgebirges oder einer mongolischen Gedenkstätte erkennen, während das andere Kind diese einzigartigen UNESCO Weltkultur- und Weltnaturerbe als einen Steinhaufen bezeichnet."

29 Fotos
übersichtliche Thailand Karte
188 Seiten
Ausführliche Informationen
Detaillierte Reiseroute
ISBN 978-3-8423-4332-0
Preis: € 11,80
1. Auflage 2012

Tempelhüpfen
mit meiner Tochter auf Abenteuerreise durch Thailand

Im TRAVELKID Reisebericht **Tempelhüpfen** – *mit meiner Tochter auf Abenteuerreise durch Thailand* - entdeckt die Autorin gemeinsam mit ihrer 8-jährigen Tochter Romy die Hauptstadt Bangkok, in der sie durch die schmalen Gassen Chinatowns bummeln und in der Altstadt von Tempel zu Tempel hüpfen. Der Nachtzug führt die beiden nach Chiang Mai, in den bergigen Nordwesten des Landes. Mit einem Mietwagen fahren sie ins Goldene Dreieck, lernen die traditionellen Bergvölker Akha und Karen kennen, besuchen fröhliche Abendmärkte und machen einen Abstecher ins Nachbarland Myanmar. Die tropische Insel Koh Pha-Ngan darf am Ende der Reise natürlich nicht fehlen.

Außerdem geben mysteriöse Mönche, brennender Weihrauch und seelische Therapien dieser Thailandreise eine ganz persönliche Note. Sie sind für die holländische Autorin zu hilfreichen Zutaten für die Verarbeitung ihrer Scheidung geworden.

„Diese Kokosnuss wird mich tagtäglich daran erinnern, warum Thailand ‚Land des Lächelns' genannt wird!"

Dankwort

„Ich reise niemals ohne mein Tagebuch. Man sollte immer etwas Aufregendes zu lesen bei sich haben."

- Oscar Wilde -

Lieve Romy, ook deze reis kan in jouw lijstje onder fantastisch geplaatst worden. Ik bewonder je open blik, je flexibiliteit en leergierigheid, waarmee je ook tijdens deze reis weer belangrijke karaktereigenschappen ontwikkeld hebt, die je later nog vaak nodig zult hebben. Love you.

Ein unglaubliches Dankeschön geht in erster Linie an Keerthi, unseren Chauffeur und lieben Freund. Natürlich kann einer alleine nicht „Flammen", deswegen ein großes Dankeschön an das gesamte Team meiner Agentur. Jeder hat einen wichtigen Beitrag geleistet um eine schöne Reise für uns herzustellen.

Damit mein Deutsch auch dein Deutsch wird, gibt es den „Stallknecht". Liebe Sonja, vielen Dank für deine Hilfe.

Und, wie immer, ein kleines Dankeschön an Cinderella für ihre magischen Worte: *„Let your dreams come true"*.